Frauke Meinken

....

REISEN IN DEN ORIENT
Reiseberichte

Jordanien
Oman

Impressum:

© 2014 Frauke Meinken

Auflage 1

Umschlaggestaltung, Illustration: Frauke Meinken

Lektorat, Korrektorat: Michael Schmal

Verlag: tredition GmbH, Hamburg

ISBN: 978-3-7323-5153-4 (Paperback)

ISBN: 978-3.7323-5154-1 (Hardcover)

Printed in Germany

Bibliografische Information der Deutschen Nationalbibliothek: Die Deutsche Nationalbibliothek verzeichnet diese Publikation in der Deutschen Nationalbibliografie; detaillierte bibliografische Daten sind im Internet über http://dnb.d-nb.de abrufbar:

REISEN IN DEN ORIENT
JORDANIEN
OMAN

Seit vielen Jahren bin ich Patin des
Kinderhilfswerks PLAN International.
Der Erlös aus dem Verkauf des Buches
kommt dem Frauke und Andreas Meinken Stiftungsfond
zur Förderung von Mädchen in der dritten Welt zu Gute.

INHALT

Vorwort 7

Kapitel 1 – Jordanien im Mai 2012 10

Kapitel 2 – Oman im November 2013 54

Kapitel 1 : Jordanien im Mai 2012

Kapitel 2 : Oman im November 2013

VORWORT

Wurde mir das Fernweh bereits in die Wiege gelegt? Oder habe ich mich auf den Reisen meiner Kinder- und Jugendzeit angesteckt? Entscheidenden Einfluss hatten sicher meine Eltern, sowie Manfred und Marianne Paulischkies, die uns (meine beiden Brüder und mich) samt Zelt und Campingausrüstung in Trabbi und Lada verstauten. Die Reiseziele waren begrenzt. Meistens ging es nach Polen, in die Masuren. Nur mit einem groben Plan zogen wir von Ort zu Ort und genossen diese Freiheit. Abends am Lagerfeuer erzählten die Großen uns Geschichten und beflügelten unsere Phantasien.

Es ist nicht wichtig, wie weit man reist. Wichtig ist, dass man sich mit Neugierde und Respekt auf den Weg macht. Dann wird jede Reise unvergesslich.

Ich glaube das war es, was uns mit auf den Weg gegeben wurde. Ich bin glücklich über jede Reise, die ich unternehmen kann. Es ist ein großes Geschenk und ich bin mir dessen sehr bewusst.

Ich danke meinen Eltern Herbert und Friedel Schmal, sowie Manfred und Marianne Paulischkies. Sie haben uns das Reisen gelehrt.

Besonders danke ich meinem Mann Andreas Meinken (Ole), der mich auf allen Wegen begleitet und auf mich Acht gibt.

Mit meinen Reiseberichten möchte ich anderen Reiselustigen ein paar Tipps geben oder sie motivieren, sich auf den Weg zu machen. Meine Beschreibungen sind Beobachtungen und eigene Erfahrungen. Sie sind kein Reiseführer und erheben nicht den Anspruch auf absolute Richtigkeit. Fakten und Zahlen habe ich in der Reiseliteratur des entsprechenden Landes erlesen.

Ein besonderer Dank gilt meinem Bruder und persönlichem Lektor Michael Schmal, der mir beim Schreiben der Berichte viele hilfreiche Tipps gegeben hat.

Kapitel 1 – Jordanien im Mai 2012

Endlich wird ein lang ersehnter Traum wahr. Wir reisen nach Jordanien. Alle schauen uns fragend und unglaubwürdig an. Ist das nicht zu gefährlich? Jordanien ist umgeben von Krisengebieten. Das stimmt, doch in Jordanien ist es ruhig und es gibt keinerlei Reisewarnungen. Wann, wenn nicht jetzt. Keiner weiß, wie es weitergeht und ob die Unruhen in Syrien über die Grenzen schwappen. Wir werden den Norden, also das Grenzgebiet zu Syrien nicht bereisen. Nur zwei Wochen habe wir für das uns unbekannte Jordanien Zeit und es gibt viel zu entdecken.

Kurz ein paar Fakten zum Land. In Jordanien leben rund 5.5 Millionen Einwohner. 70 % der Menschen leben in Städten. 98 % sind Araber, davon 60 % Palästinenser. Jordanien hat von den arabischen Ländern das beste Bildungssystem. Die Analphabeten Rate liegt im Kindesalter (5-15 J.)bei 1,5 %. Dabei handelt es sich meistens um Nomadenkinder. Der Anteil von Frauen an den Universitäten liegt bei 40 %. Das ist beachtlich in einem arabischen Land. Jordanien grenzt an Syrien, Irak, Saudi Arabien, Israel und Palästina (Westjordanland). Die Staatsform ist eine konstitutionelle Monarchie. Der Monarch scheint sehr fortschrittlich und weltoffen, wie schon sein Vorgänger, König Hussein. Den Menschen steht es frei, wie sie z.B. ihre Religion ausleben wollen. Sie unterstehen nicht den strengen arabischen Kleidungsregeln, wie z.B. im benachbarten Saudi Arabien. In Jordanien trifft man auf Frauen, die mit einer Burka bekleidet sind, genauso wie auf modern gekleidete Frauen in engen

Jeans und knappem Shirt. In den ländlichen Regionen leben die Beduinen nach ihren Jahrhunderte alten Traditionen, kleiden sich auch traditionell. Das macht durchaus Sinn, bei den klimatischen Bedingungen, aber wir haben gemerkt, dass sie modern und weltoffen denken, sich der westlichen Welt neugierig und interessiert zuwenden.

Wir sind gespannt auf ein aufregendes Land mit viel alter Geschichte, atemberaubenden Landschaften, interessanten Menschen und arabischer Lebenskultur.

Hamburg, morgens um 7.00 Uhr. Es ist trübe, der Himmel ist verhangen. Wien, nun regnet es auch noch. Doch schon bald hebt unser Flieger nach Amman ab. Über den Wolken begrüßt uns die wärmende Sonne. Wir düsen durch die Zeit und kommen langsam an, im Urlaub. Das letzte Vierteljahr war anstrengend und der Urlaub lang ersehnt. Ein Spruch holt uns zurück in die Wirklichkeit. „Bitte kehren sie zurück zu ihren Sitzplätzen und schnallen sie sich an. Wir befinden uns jetzt im israelischen Luftraum." Da überkommt einen dann doch ein etwas komisches Gefühl. Das war allerdings auch das einzige Mal auf dieser Reise. Es gibt so viele Fragen über Israel und die Palästinenser. Es ist nicht einfach, die politischen Wirren in dieser Region zu verstehen. Ich hoffe sehr, dass wir nach dieser Reise die Geschehnisse um Palästina und Israel besser verstehen werden. Doch erst einmal heißt es, den israelischen Luftraum sicher zu überstehen.

Ja, wir haben es geschafft und sind gut, wenn auch etwas wackelig, in Amman gelandet. Am Flughafen werden wir freundlich empfangen. Der Tauschkurs ist nicht gerade einladend, aber für das notwendige Visum unumgänglich. Mit dem gelben Shuttlebus fahren wir zum Busbahnhof „Nothern Station" und von dort gönnen wir uns ein Taxi zum Hotel. Und da erwischt es uns zum ersten Mal auf der Reise. Der Taxifahrer verlangt 5 Jod ca. 4 €. Noch die deutschen Preise im Kopf sind wir einverstanden, anstatt auf das Taxameter zu pochen. Ja, Pech gehabt und die Fahrt ist teurer als gewöhnlich. Damit können wir leben. Man braucht immer einen Moment, um in einem fremden Land anzukommen.

Unser Hotel befindet sich in einem ruhigen Stadtviertel, es gefällt uns gut, besonders das kleine Restaurant von grün umgeben.

Amman ist die Hauptstadt des Haschemitischen Königreichs. Sie ist, wie Rom auf sieben Hügeln erbaut. Heute breitet sich Amman über nahezu zwanzig Hügeln aus. Vor 9000 Jahren befand sich an gleicher Stelle eine der größten jungsteinzeitlichen Siedlungen des Nahen Ostens. Rabath Amman war zu biblischer Zeit Residenzstadt der Ammoniter. Sie erblühte unter der römischen Herrschaft und geriet mit dem Ende der islamischen und omaijadischen Dynastien in Vergessenheit, da die Karawanenwege an der Stadt vorbei führten. Erst Ende des 19. Jh. entstand hier wieder eine Siedlung, die sich schnell entwickelte und an Bedeutung in der Region gewann. Unter Prinz Abdullah wurde Amman 1922 Hauptstadt. Nach dem 2 Weltkrieg wuchs die Stadt explosionsartig. Landflucht trieb die Menschen in die Stadt und viele Flüchtlinge aus Palästina fanden hier ein neues zu Hause. Heute ist Amman eine moderne Großstadt mit rund 2 Mio. Einwohnern und hat von ihrem arabischen Charme nichts verloren.

Im Hotel halten wir uns gar nicht auf. Wir starten gleich unsere erste Erkundungstour. Eine halbe Stunde laufen wir bergab und kommen direkt am großen Souq in der Altstadt an. Viele Menschen sind unterwegs und schlängeln sich von Stand zu Stand. Die Temperatur ist angenehm. Wir lassen uns einfach mit dem Strom treiben. Es macht Spaß. Wir können uns in Ruhe alles ansehen. Man wird freundlich angesprochen, nicht aufdringlich. Niemand, der uns in seinen Laden zieht. Gerade als ich das zu Ole sage, dreht sich ein Jordanier um und spricht uns erfreut an. Endlich mal Deutsche, werden wir im Berliner Slang angesprochen. Isam ist Deutscher und zu Besuch im Land seiner Eltern. Wir unterhalten uns einen Moment und nach kurzer Zeit sitzen wir in einem Straßenlokal in einer Seitenstraße und genießen richtig gutes jordanisches Essen. Er freut sich, endlich mal wieder jemanden zum Quatschen zu haben und wir können von ihm ein paar wichtige Tipps für unsere Reise in Erfahrung bringen. Isam kann es kaum fassen, dass wir einfach so nach Jordanien reisen. Er sagt, er hat noch nie jemanden getroffen, der freiwillig in dieses Land reisen würde. So trifft man sich auf Reisen auf eine ganz andere Weise. Wir sind Exoten für ihn, wie er auf gewisse Art auch für uns. Wir verbringen einen netten Abend und verabreden uns für den nächsten Tag. Vor dem Abschied gehen wir noch auf einen Kaffee in ein Lokal mit Dachterrasse. Eine interessante Erfahrung, denn dieser heruntergekommene Laden hat bessere Preise, als jedes 5 Sterne Restaurant in Deutschland. Für einen Tee und zwei Kaffee sollen wir 20 Jod ~ 19 € bezahlen. Isam kann den Wirt eines Besseren belehren, ist aber selbst richtig böse auf die Dreistigkeit dieses Wirtes. Irgendwo gibt es Grenzen und die sind hier weit überschritten worden.

Durch die Nacht laufen wir zurück zu unserem Hotel. Jetzt ist richtig Trubel auf den Straßen. Junge Leute amüsieren sich, aus den Restaurants tönt laute arabische Musik und in den Cafés lässt man es sich gut gehen. Sogar junge Frauen genießen das Aroma der Wasserpfeifen.

Der nächste Morgen begrüßt uns mit blauem Himmel und Sonnenschein. Wir stehen schon um 7.00 Uhr auf, fahren gleich nach dem Frühstück mit einem Taxi, heute mit Taxameter, hoch zum Zitadellenhügel. Der Panoramablick vom Jaba al-Quala auf die ganze Stadt ist einfach atemberaubend. Kurz nach uns kommt schon der erste Reisebus. Der Hügel ist weitläufig und so muss man sich nicht auf die Füße treten. In aller Ruhe erkunden wir das gesamte Areal und lassen den Blick in alle Richtungen schweifen. Den Blickfang bilden die Säulen des Herkulestempels. Sie lassen den Ort so richtig geschichtsträchtig wirken. Und das nicht umsonst, denn hier begann die Geschichte Ammans rund 3000 Jahre vor Christus, was die Gräber aus der Bronzezeit belegen. Eine Inschrift weist den Tempel zu Ehren des Gottes Herkules dem Auftraggeber Marc Aurel (161-180) zu. Interessant ist auch der Blick in das kleine archäologische Museum. Die hier gezeigten Fundstücke stammen nicht nur vom Zitadellenhügel. Besonders beeindruckend sind einige Statuen aus dem Gebiet Ain Ghazzal. Sie sind 8000 Jahre alt!!! und zeigen menschliche Figuren mit Gesichtern. Sehenswert sind ebenfalls die Überreste der byzantinischen Kirche und des Omaijadenpalastes mit der Zisterne. Unsere nächsten Ziele haben wir von hier oben natürlich schon im Blick. In weiter Entfernung, am Jabal al-Ashra-fiyeh, ist die Abu-Darwish-Moschee nicht zu übersehen und direkt unter uns liegt königlich das Römische Theater. Wir verlassen den 837m hohen Hügel über viele Treppen und durch enge Gassen. Das Römische Theater liegt uns zu Füßen. Es ist unglaublich. Man vermutet, dass es unter Kaiser Antonius Pius (138-161 n Chr.) gebaut wurde. Mit seinen 6000 Plätzen, die sich über 44 Reihen steil erheben, ist es das Größte in Jordanien. Natürlich erklimmen wir alle Reihen, gefolgt von einer Schulklasse Mädchen im Teenageralter, die unbedingt ganz viele Fotos von uns haben wollen und dafür wirklich keine Mühen scheuen. Ein schönes Erlebnis. Am Fuße des Theaters befindet sich ein kleines Museum, in dem traditionelle Trachten und ein alte Mosaike ausgestellt sind. Wir laufen weiter in Richtung Altstadt. Die Sonne scheint mit aller Macht und lässt die Hitze in den Straßen flimmern. Wir suchen uns einen schattigen Weg unter Arkaden, vorbei an verschiedenen Geschäften. Der Duft von frischen Backwaren zieht uns fast magnetisch in ein herrliches Bäckergeschäft. Wir decken uns mit allerlei Leckereien ein, man könnte ja verhungern. Eigentlich haben wir den Ehrgeiz, die schöne Moschee auf dem höchsten der 7 Hügel Ammans, dem Jabal al-Ashra-fiyeh, zu Fuß zu erklimmen. Doch wir finden den Weg nicht und die Wegbeschreibungen führen uns immer falsch. Also nehmen wir uns ein Taxi und fahren hinauf. Bei den Temperaturen in der Mittagszeit eine großartige Idee. Die auffallend schwarzweiß gemusterte Moschee stammt aus den 1920-ger Jahren und wurde von einem tscherkassischen Einwanderer gestiftet. Leider können wir sie nicht von innen besichtigen, von außen ist sie dafür um so sehenswerter. Der Weg hinunter ist diesmal schnell gefunden. Immer bergab und die Altstadt vor Augen kann man sich einfach besser orientieren. Pünktlich um 14.00 Uhr treffen wir auf unseren deutschen Jordanier an verabredeter Stelle. In einem Café trinken wir einen jordanischen Kaffee und vertilgen unseren Kuchen. Viele Cafés hier befinden sich im ersten oder zweiten Stock, so hat man einen tollen Blick auf die Straße und kann das Treiben gut beobachten.

Wir besteigen wieder ein Taxi und fahren nun zur größten Moschee Jordaniens, der König-Abdullah-Moschee. Diese Moschee wurde nach dem ermordeten Vater König Husseins benannt. Sie bietet 3000 Gläubigen Platz. Außerdem gibt es extra Gebetsräume für Frauen, eine Bibliothek und ein kleines Museum. Es ist die einzige Moschee, die wir als Touristen besuchen dürfen, natürlich nicht zur Gebetszeit. Nach der Besichtigung der Moschee verabschieden wir uns von Isam und laufen zurück zu unserem Hotel. Mittlerweile glaube ich, dass Isam uns ein kleines Märchen erzählt hat. Wahrscheinlich musste er Deutschland verlassen. Mit seinen perfekten Sprachkenntnissen ist er jedoch ein hervorragender Reiseführer. Aber das ist seine Geschichte. Wir haben eine schöne Zeit mit im erlebt und haben ihn etwas unterstützt. Nun sind wir hungrig und wollen unsere Sachen zusammenpacken, denn morgen startet unsere Rundtour.

Ein Taxi bringt uns früh zum Busbahnhof. Es ist viel Verkehr auf den Straßen und wir brauchen über eine Stunde bis zum Flughafen. Das ist jedoch nicht so schlimm, denn der Vertreter unserer Autovermietung ist noch gar nicht da. Ein Mitarbeiter von Europ-Car ruft ihn an und nach ein paar Minuten erscheint er in der Halle. Wir fahren mit ihm in ein Dorf, kurz vor dem Flughafenabzweig, dort befindet sich das Büro der Autovermietung. Er ist sehr freundlich, aber mit dem Auto, das man für uns vorgesehen hat, sind wir nicht einverstanden. Wir hatten einen Mittelklassewagen gebucht. Er zeigt uns einen arg kleinen KIA. So beraten wir uns eine ganze Weile und schließlich gibt er nach und überlässt uns einen Hyundai in Mittelklassegröße. Dieses Auto ist groß und fährt sich wunderbar. Vielleicht denkt er sich, besser ein schlechtes Geschäft, als gar kein Geschäft. Wir sind zufrieden und düsen auf dem Kings Highway Richtung Süden davon.

Die Sonne scheint, die Straßen sind gut und der Verkehr ist absolut überschaubar. Unser erstes Streckenziel ist Madaba.

Eigentlich wollen wir erst einmal zum Hotel und dort das Auto abstellen. Doch unser Hotel ist nicht so leicht zu finden. Wir fahren also mitten in den Ort, der uns wie ein großer Markt erscheint. Wir parken das Auto an der Straße und laufen in Richtung der Moschee. Eine Touristeninformation werden wir hier kaum finden. Wir schauen uns etwas um. In einem Geschäft fragen wir nach dem Hotel. Der Verkäufer kann uns nicht weiterhelfen, aber er geht mit uns ins nächste Geschäft und da findet sich jemand, der uns den Weg erklären kann. Wir fahren zurück, über die funktionsuntüchtige Ampel, eine Dreiviertelrunde um den Kreisverkehr und dann immer geradeaus. Da haben wir es, ein einfaches, sauberes Hotel mit sehr freundlichem Personal.

Nachdem die Mittagshitze sich etwas gelegt hat, laufen wir zurück in den Ort. Bekannt ist Madaba hauptsächlich wegen seiner Mosaike in der griechisch orthodoxen St. Georgs Kirche. Die kleine Kirche ist sehenswert, auch wegen ihrer alten Wandmalereien an den Bogengängen. Auf dem Fußboden im Mittelbereich der 1896 erbauten Kirche befindet sich die wertvolle Landkarte von Palästina, wohl aus dem 6. Jh. stammend. Ursprünglich bestand das Mosaik aus 2,3 Millionen Steinchen, durch Brände und Bestattungen in der Kirche wurde es ziemlich dezimiert. Ein wichtiger Anhaltspunkt für die Datierung der Karte ist die Darstellung der Nea-Theotokos-Kirche in Jerusalem, die unter Justinian im Jahre 542 erbaut wurde. Ganz sicher ist die Karte noch ein paar Jahre älter. Es ist ein bewegender Moment, vor einer so alten Landkarte zu stehen. In Madaba gibt es auch ein Mosaik-Museum. Da laufen wir dran vorbei, direkt weiter zu einem weiteren Highlight des Ortes, der Apostelkirche. Hier befinden sich weitere sehr sehenswerte Mosaike. Im Mittelschiff die Darstellung einer Meerjungfrau, die dem Wasser entsteigt, umgeben von Meerungeheuern. Ein weiteres Mosaik befindet sich in einer Seitenkapelle, wie ein Teppich breitet es sich fast über den ganzen Raum aus. Dargestellt sind Hirsche, Gazellen, Schafe, Vögel und Obstbäume. Zum krönenden Abschluss dürfen wir den Kirchturm besteigen. Eine etwas abenteuerliche Angelegenheit, aber der Ausblick auf Madaba und das ganze Umland ist herrlich und alle Mühe wert.

Zufrieden laufen wir zurück zum Hotel. Bis zum Abendessen haben wir noch etwas Zeit. So beschließen wir einen Ausflug zum ca. 10 km entfernten Berg Nebo zu unternehmen. Der Berg gehört zu einem Hochplateaus, das sich westlich von Madaba hinzieht. Von hier soll Moses das erste Mal auf das Heilige Land geschaut haben. Der Ausblick ist noch heute atemberaubend. Man schaut von Amman über das Jordantal, mit Blick auf Jericho, weiter bis auf die Ufer des Toten Meeres. Eine weite Ebene in den sandigen Farben der Wüste, getränkt von grünem Weideland und Feldern. Bei guter Sicht kann man im Bergland hinter dem Toten Meer Jerusalem und Bethlehem sehen. Auch das ist ein wirklich bewegender Moment. Leider wird die byzantinische Basilika mit ihren frühchristlichen Mosaiken gerade rekonstruiert. Ein paar der Mosaike können aber in einem Besucherzentrum besichtigt werden. Der Legende nach sollen Engel Moses hier beigesetzt haben. Schon zur Zeit der Römer stand an diesem Ort ein Mausoleum. Ägyptische Mönche errichteten im 4. Jh. eine dreischiffige Basilika. Im 6. Jh. wurde der Wallfahrtsort weiter ausgebaut, in der Kirche entstanden Mosaikböden und ein Klosterkomplex wurde angebaut. Wir genießen die Ruhe auf dem Berg und lassen den Blick in die Weite schweifen. Warum machen die Menschen sich das leben nur immer so schwer. Wann wird dieses Land endlich Ruhe finden oder wird es immer Mittelpunkt von Streit und Zank sein?

Diese Überlegungen begleiten uns auf unserer Fahrt zurück nach Madaba und der Hunger meldet sich zu Wort. Heute wollen wir mal etwas Besonderes zum Abendessen haben. In unserem Reiseführer wird ein Gartenrestaurant in einem alten restaurierten Häuserkomplex empfohlen. Der Portier unseres Hotels empfiehlt uns das gleiche Lokal, also laufen wir hin, ins Hareth Jdoudna. Wir lassen uns verschiedene Mezze-Spezialitäten servieren und dazu einen lokalen Rotwein. Mezze sind Vorspeisen. Es gibt kalte und warme Gerichte. Sehr typisch sind zum Beispiel Kichererbsen-Püree, verschiedene Gemüsespeisen oder Gerichte mit Ziegen- und

Schafskäse. Es kommt natürlich immer auf die Würzung an. Fehlen darf aber nie ein Tropfen guten Olivenöls. Wir bestellen uns besagtes Kichererbsen-Püree, einen frischen Salat übergossen mit einem würzigen warmen Olivenölsoud und gefüllte Auberginenscheiben mit Avocadocreme. Einfach köstlich und dazu ein Glas Rotwein.

Am nächsten Tag stehen wir früh auf, frühstücken und fahren nochmals raus zum Berg Nebo. So früh ist die Sicht noch besser und der strenge Wind vom Vortag schläft um diese Zeit noch. Die Aussicht ist grandios. Es nützt nichts, wir müssen weiter. Heute fahren wir den Kings Highway weiter bis nach Kerak. Bevor wir auf den Highway fahren, überqueren wir ihn. Wir fahren über Land nach Umm ar-Rasas. Die Strecke dorthin ist sehenswert. Es geht vorbei an Feldern, grünem Weideland und sandigem Steppenland. Ziegenherden ziehen des Weges, Kamele grasen am Straßenrand. Überall sieht man neben kleinen Dörfern auch die großen eckigen Zelte der Beduinen. Die Zelte sind aus grobem dunkelbraunem Strick gefertigt. Was uns leider sehr negativ auffällt, ist umherfliegender Plastikmüll. Überall in den Dörfern, auf den Straßen und Feldern tanzen Plastiktüten im Wind. Da hat die Regierung noch einiges zu tun. Wir erreichen Umm ar-Rasas. Hier befindet sich die Grenze zwischen dem Ammoniterreich und den südlich lebenden Moab. Die vermutlich von den Römern angelegte Siedlung gehört zum UNESCO Weltkulturerbe. Eigentlich sieht man nur noch ein großes Trümmerfeld, einige Bogengänge sind rekonstruiert. Es sind die Überreste mehrerer byzantinischer Kirchen. Wirklich beeindruckend sind die Bodenmosaike aus der Stephanskirche. Sie sind wohl die schönsten, die wir bis jetzt gesehen haben. Gezeigt werden Szenen aus dem Alltag der Menschen und es sind Städte beiderseits des Jordan dargestellt. Die Anlage ist sehr gepflegt und es kostet keinen Eintritt.

Wir fahren weiter und kehren in Dhiban zurück auf den Highway. Im Ort halten wir an einem Gemüsestand. Die Verkäufer sind sehr freundlich und wohl auch ein wenig aufgeregt. Ich verlange nach 6 Bananen. Der Händler schaut mich mit großen Augen an und fragt 6 kg? Wir müssen alle lachen. 6 einzelne Bananen werden wohl nicht so häufig gekauft. Er erzählt uns stolz, dass er der Iman des Dorfes ist und zeigt schräg über die Straße auf die kleine Moschee des Ortes. Ein ehrlicher Händler. Sein Preis ist fair und enthält nicht den üblichen Touristenzuschlag, er schenkt uns sogar noch zwei Gurken. Auf dem Kings Highway erwartet uns jetzt eine ganz besonders reizvolle Stecke. Schon der erste Blick in den vor uns liegenden Canyon lässt uns den Atem stocken. Das Wadi al-Mujib, der Grand Canyon Jordaniens breitet sich vor uns aus und zeigt, welche geologischen Kräfte hier zur Bildung des Jordangrabens gewirkt haben müssen. Doch bevor wir in diese atemberaubende Landschaft eintauchen, halten wir ein Pläusch'chen mit zwei Hirten, die neugierig auf unser haltendes Auto zukommen. Ihre 5 großen Wachhunde finden das nicht so toll, hören aber, im Gegensatz zu vielen deutschen Hunden, auf's Wort und erkennen uns schnell als Freunde an. Leider ist uns die Sprache eine Barriere. Doch verstehen wir, dass Ali, der jüngere der beiden noch zur Schule geht. Wohl der große Bruder Abdul ist dem Schulalter bereits entwachsen. Zum Abschied schenken wir ihnen noch Keksriegel, die gleich verspeist werden. Den Hirten zuwinkend fahren wir in die vor uns liegende Schlucht hinein. Schnell kommen wir nicht voran. Immer wieder stoppen wir das Auto, setzen uns einfach an den Straßenrand und bestaunen fassungslos diese einmalige Landschaft. Der freundlich hupende Gruß der vorbeifahrenden Jordanier holt uns immer wieder zurück auf die Straße, welche sich in Serpentinen in die Tiefe schlängelt. Wie ein grünes Auge schaut ein Stausee aus der Tiefe hinauf. An den Hängen haben Beduinen ihre Lager aufgeschlagen, Kamele und Ziegen ziehen umher, auf der Suche nach dem raren Grün. Am Grund des Canyons zieht sich eine grüne Oase entlang. Wir fahren über die lange Stauseebrücke und machen uns an den Aufstieg. Ebenfalls in Serpentinen und nicht weniger beeindruckend als die Gegenseite. Auf dieser Seite hat nur ein Beduine sein Lager aufgestellt, warum auch immer. Auf einer großen Parkfläche, fast am oberen Rand des Canyons, treffen wir auf Sammy. Mit seiner charmanten und freundlichen Art, die keine Ausrede duldet zieht er uns schnell in seinen Bann. Sammy ist 55 Jahre alt und ein richtiger Beduine, was sein kleiner Nackenzopf beweist. Vor drei Jahren hat er seinen Job als Flugzeugingeneur gekündigt und sich dieses Grundstück gekauft. Er stellt uns seine Wohnung mit grandioser Aussicht vor. Eine Wohnung, deren Zimmer jeweils nur drei Wände haben. Besonders stolz ist er auf sein stilles Örtchen. Sammy erzählt, dass er manchmal seinen Laptop mitnimmt und dann dort in aller Ruhe seine Mails checkt. Ein Stück weiter an der Abgrundkante entlang, befindet sich sein Wohnzimmer mit einer gemütlichen Couchecke. Einen Fernseher sucht man hier vergeblich, den hat Sammy nun wirklich nicht nötig. Jedes Jahr kommt ihn ein Paar aus Deutschland besuchen, Paraglider. Für sie ist das hier das Maß aller Dinge, was wir gut nachvollziehen können. Dann wird es etwas persönlicher, sein Schlafzimmer. Ein Bett, ein kleiner Schreibtisch und ein Regal auf dem er seine männlichen Verführungsdüfte präsentiert. Dieser Raum hat zur Abwechslung auch mal eine Tür. Nun erreichen wir endlich das Gästezimmer. Eine Couch mit Ausblick auf den Canyon. Auf der Rückseite befindet sich ein kleiner Verkaufsraum. Von irgendetwas muss Sammy leben. Er kredenzt uns einen Spezial Sammy Kaffee, natürlich mit Koriander, wie er in Jordanien überall serviert wird. Dazu gibt es Kekse und natürlich den grandiosen Ausblick. Einen Preis nennt uns Sammy nicht, wir sollen ihm einfach geben, was es uns wert ist. Na toll. Erst einmal konzentrieren wir uns auf den Moment und genießen diese einmalige Stimmung. Ich frage Sammy, wie er über den König denkt. Er sagt mir, dass König Abdulla, wie schon sein Vater, König Hussein, ein sehr beliebter König ist. Er ist ein Mann des Volkes, eröffnet dem Land neue Möglichkeiten. Jeder kann entscheiden, wie er sein Leben gestalten möchte. Toleranz gegenüber jeder Glaubensrichtung und dem Leben mit der Religion, das ist in der islamischen Welt sehr fortschrittlich. Etwas kritisch sieht er die Rolle von Königin Ranja. Sie ist Palästinenserin und es wird behauptet, dass sie sehr viel Geld ins Westjordanland gibt. Sie wird ihre Gründe haben und man muss die Palästinenser unterstützen, sagt Sammy.

Wir kaufen Sammy zwei Tücher und ein Armband ab, bezahlen unseren Kaffee mit Ausblick und machen uns weiter auf den Weg nach Kerak.

Die alte Kreuzfahrerburg ist schon aus weiter Ferne zu sehen. Stolz thront sie über der Stadt auf einem Hügel in knapp 1000 m Höhe. Erst einmal machen wir uns auf die Suche nach unserem Hotel, dem Kerak Rest House. Es befindet sich in Toplage, direkt neben dem Eingang zur Burg. Normalerweise parken auf dem Platz vor dem Hotel die Reisebusse. Wir haben Glück und dürfen unser Auto dort auch abstellen. Das Hotel macht einen runtergekommenen Eindruck. Der Ausblick ins Tal entschädigt für die lieblosen Zimmer. Wir stellen unsere Sachen nur ab und beginnen sofort mit der Eroberung der Burg.

Errichtet wurde diese stolze Kreuzfahrerburg von Payen Le Bouteiller im Jahre 1142, dem fränkischen Verwalter des Ostjordanlandes. Strategisch war sie gut geplant, jeweils nur einen Tagesritt von Jerusalem und der Kreuzfahrerburg Shawbak entfernt. Gemeinsam mit anderen Burgen bildete sie eine wichtige Verteidigungskette, die von der Südtürkei über das heutige Syrien bis hin zum roten Meer reichte. Über 40 Jahre hielt die Burg den Anstürmen muslimischer Heere statt. Schließlich wurde sie 1188 von dem legendären ayubidischen Heerführer Saladin eingenommen. Saladin ließ den für seine Gräueltaten bekannten Rainald de Chatillon, der seit 1177 Burgherr auf Kerak war, öffentlich köpfen und seinen Kopf vor dem Tor aufspießen.

Über eine Brücke laufen wir zum Eingang und uns wird der rechte Weg gezeigt. Die Burg ist ungefähr 250 m lang und 135 m breit. Sie wurde vor einiger Zeit restauriert und es sind noch Arbeiten im Gange. Wir erlaufen uns das gesamte Areal und sind immer wieder begeistert vom Ausblick in jede Richtung. Wir laufen durch dunkle Gänge, vorbei an Schlafsälen mit nur sehr kleinen Fenstern, in denen damals an die 100 Soldaten geschlafen haben. Wie sich das wohl nachts angehört hat. Wir laufen durch verschiedene Höfe, vorbei an einer Zitadelle und entdecken ein kleines Labyrinth von Gängen und Sälen. Wir sind verwöhnt von der Kreuzritterburg Marienburg in Polen. Dort haben die Restauratoren ein Meisterwerk entstehen lassen. Die gesamte Marienburg erstrahlt in altem Glanz. Leider ist in Kerak vieles nur zu erahnen. Doch wer Phantasie besitzt, kann sich das Ritterleben auch hier vorstellen. An klaren Tagen soll man vom oberen Hof bis nach Jerusalem schauen können. Wir sind beeindruckt von der Burg und nach zwei Stunden der Eroberung ziemlich hungrig. So geben wir uns geschlagen und laufen hinunter in die Altstadt. An einem Imbissladen zieht es uns automatisch von der Straße. Hier verdrücken wir in Rekordzeit einen Gemüsefalafel. Super lecker und wir bezahlen gerade mal -,30 € für einen Falafel. Gestärkt bummeln wir noch eine Zeit durch die schmalen Straßen der Altstadt. Mitunter kann man den Handwerkern bei der Arbeit zusehen, z.B. dem Bäcker beim Formen der Fladen oder dem Schneider beim Nähen. Der Platz vor unserem Hotel ist nun leer. Die Reisebusse sind abgefahren und das Tor zur Burg verschlossen. Nach einer Dusche suchen wir uns einen Platz für den Sonnenuntergang und essen anschließend in einem Restaurant zu Abend.

Das lieblose Frühstück in dem ungemütlichen und nicht sehr sauber wirkenden Speisesaal treibt uns zur Weiterfahrt an. Es ist schade. Dieses Hotel könnte so schön sein und aus dem Speisesaal könnte man ein richtig tolles Restaurant entstehen lassen, denn der Ausblick ist grandios.

Unsere Reise durch Jordanien geht weiter. Die Strecke nach Wadi Musa ist ebenfalls spektakulär. Die Route führt durch einen atemberaubenden Canyon, für den wir einige Zeit benötigen. In Tafila füllen wir unsere Wasservorräte auf. Irgendwie finden wir die Straße nach Wadi Musa nicht und haben einige Mühe überhaupt aus der Stadt heraus zu finden. Dann ist es geschafft und wir folgen dem Highway bis kurz vor die Kleinstadt Dana, von hier geht es über eine holprige Steinstraße zum Dana Nuturschutzreservat. Ein toller Abstecher für den wir locker mehr Zeit hätten einplanen können. Das Naturschutzgebiet umfasst rund 300 km² und erstreckt sich vom Gebirge um den 1614 m hohen Jubal al-Ataitah bis hin zum auf Meereshöhe liegenden Tal, Wadi al-Araba. Die Mitarbeiter sind sehr stolz auf ihr Naturschutzgebiet. Das Besondere ist, dass man versucht hat, die Bewohner von Anfang an mit zu integrieren. Das ist bei einem solchen Projekt sehr wichtig. Die hier ansässigen Menschen lebten von Landwirtschaft und Viehzucht. Das war immer ihre Lebensgrundlage. Wirklich gute Überzeugungsarbeit wurde geleistet. Man konnte die Beduinen für den Naturschutz gewinnen. Sie davon überzeugen, dass sie ihre einmalige Heimat mit seltenen Tieren und Pflanzen nur erhalten können, wenn ihre Ziegen nicht mehr die Hänge abgrasen. Es ist gelungen. Heute arbeitet ein Großteil der Männer als Ranger im Naturpark, bzw. betreiben das hervorragende Camp im Park. Die Frauen hingegen züchten und verkaufen Heilpflanzen und stellen traditionelle Souvenirs zum Verkauf her. Wir parken unser Auto am Hang, wo der Eingang zum Nationalpark ist. Von dort fährt ein Shuttle regelmäßig zum im Park liegenden Camp und wieder zurück. Schon die steile Fahrt bergab ist ein Erlebnis. Überall führen Wanderwege von der Straße direkt in den Nationalpark. Rechterhand führt z.B. ein Weg zu nahegelegenen Höhlen. Wir fahren zum Camp und laufen einfach drauf los. Da wir nicht so viel Zeit haben, machen wir einen ausgedehnte Rundwanderung um das Camp. Natürlich laufen wir in der vollen Mittagshitze los, aber manchmal kann man sich das eben nicht aussuchen. Die Landschaft ist überwältigend. Die Farben der Gesteinsformationen erscheinen, wie ein Regenbogen aus Sandsteinfarben. Einfach nur unglaublich schön. Schluchten ziehen bis weit ins Land. Zu dieser Stunde begegnen uns, außer ein paar hellblauen Schmetterlingen, einem großen Grashüpfer und mehreren flinken Echsen, kaum Tiere. Im Gestrüpp hören wir plötzlich ein Rascheln, irgend etwas ist da unterwegs. Wir machen uns auf die Suche und entdecken eine Schildkröte, die unter einem Busch auf Futtersuche unterwegs ist. Am Himmel zieht ein großer Greifvogel langsam seine Runden. Nach fast zwei Stunden erreichen wir wieder das Camp.

Im Beduinenzelt lassen wir uns fallen und machen eine Siesta. Ein Ranger bietet uns einen Kaffee an und preist ihn als den Besten Jordaniens an. Auch dieser Kaffee wird mit etwas Kardamom und Zucker serviert. Er schmeckt. Wir unterhalten uns mit dem Ranger. Er ist Beduine und hat 10 Kinder erzählt er würdig. Immerhin ist er nur mit einer Frau verheiratet. Er ist stolz auf seine Arbeit im Naturschutzgebiet. Leider, so sagt er, sind die finanziellen Mittel die von der Regierung kommen, nicht ausreichend. Der Tourismus ist für sie eine wichtige Einnahmequelle. Das Camp macht einen überzeugenden Eindruck. Die Duschen und Toiletten sind sauber und ordentlich. Schade, dass wir hier keinen längeren Stopp geplant haben. Eine Wanderung, zusammen mit einem Ranger in den Morgen- oder Abendstunden, ist ganz sicher ein echtes Erlebnis. Und dann erst die Nacht unterm Sternenhimmel am Lagerfeuer. Alles geht nicht, doch kaufen wir im Souvenirshop noch ein Andenken an diesen schönen Moment.

Der Shuttle-Truck kämpft sich mit uns den Hang hinauf. Wir setzen die Fahrt fort, nicht ohne einige Fotostopps, zu grandios sind diese Landschaften. Einen kleinen Abstecher legen wir noch ein. In Shawbak befindet sich die älteste Kreuzfahrerburg des Ostjordanlandes. König Balduin I. ließ die Burg 1115 errichten und nannte sie Montreal (Königsberg). Auch sie war ein Glied in der Verteidigungskette von Kerak und Aqaba. Zu ihrer Blütezeit lebten in und um die Burg ca. 6000 Christen. Für einen Besuch reicht die Zeit nicht, aber wir fahren die paar Kilometer vom Highway ab und bewundern diese imposante Burg, die herrschaftlich auf ihrem Hügel thront. Aus dieser Entfernung wirkt sie gewaltig. Auch der Blick ins weite Umland ist sehenswert. Am späten Nachmittag erreichen wir Wadi Musa.

Dieser Ort ist das Eingangstor zu einem der größten Schätze der Weltgeschichte, der legendären Stadt aus Stein, Petra. Diese Stadt war einstmals die Hauptstadt der Nabatäer und zählt heute zum UNESCO-Weltkulturerbe. Unser kleines Familienhotel, das Rocky Mountain Hotel liegt am Hang in einiger Entfernung zum Eingang von Petra. Da wir motorisiert sind ist das kein Problem. Von der Dachterrasse ist der Ausblick über die ganze Stadt phantastisch, und die Sonne geht direkt über Petra unter. Der Hunger zieht uns nun in das kleine Stadtzentrum. Viel gibt es hier nicht zu sehen. Ein paar kleine Straßenrestaurants, wo wir uns ein gutes Abendessen servieren lassen. Man kann die Einheimischen etwas beobachten und mitunter auch mit ihnen reden und spaßen. Wie überall, begegnet uns auch hier nur freundliches „Welcome". Wir gehen früh zu Bett, denn morgen wollen wir schon zu den ersten gehören, die das sagenhafte Petra erstürmen. Doch nicht ohne das von Jane, der Hotelbesitzerin, selbstgemachte köstliche traditionelle Frühstück.

Petra, eines der Weltwunder? Es ist ein Weltwunder. Die Ruinen von Petra sind unglaublich beeindruckend. Man glaubt, von einer Ohnmacht in die nächste zu fallen. Immer wieder stellt sich die Frage, wie Menschen vor 2000 Jahren so etwas Wunderbares erschaffen konnten. Nur ein wirklich großes Volk konnte das vollbringen. Das Volk der Nabatäer , über dessen Herkunft nicht viel bekannt ist. Es war wohl ein semitischer Nomadernstamm, der aus den Tiefen Arabiens kam und das Gebiet östlich des Wadi Araba besiedelte. Die Nabatäer wussten um die Bedeutung des Karawanenhandels (Weihrauchstrasse) und brachten große Strecken unter ihre Herrschaft, schon bald kontrollierten sie den gesamten Handel. Sie errichteten Karawanenstationen und boten den Reisenden Schutz in ihrem Gebiet, im Gegenzug verlangten sie Steuern. Nachweisbar war die Existenz Petra's erstmals im Jahre 312 v. Christus. Ihr Gebiet lag östlich des Jordans, reichte im Süden bis an das heutige Saudi Arabien und im Westen an die israelische Negev-Wüste. Hauptstadt war das unglaubliche Petra. Die Nabatäer waren ein kluges Volk, das nicht zu stolz war Einflüsse anderer Kulturen z.B. der Griechen und auch später der Römer in ihre Kultur mit aufzunehmen. Sie waren Händler, Karawanenführer, Handwerker und hervorragende Wasserbauingenieure. Eine aramäische Inschrift aus dem Jahre 328 n. Chr. erwähnt das letzte Mal dieses bedeutende Volk, danach verläuft ihre Spur, im wahrsten Sinne des Wortes, im Sand. Unter dem Einfluss der Römer verloren die Nabatäer langsam ihre Eigenständigkeit. Der römische Kaiser Trajan verleibte Nabatäa 106 n. Chr. dem römischen Reich ein. Das war wohl ein Grund für den langsamen Untergang und Weggang der Nabatäer. Man vermutet auch, dass ein Erdbeben große Teile der Stadt vernichtete. Langsam versank sie Stadt in Vergessenheit.

Erst der Schweizer J.L. Burckhardt entdeckte dieses kostbare Juwel im Jahr 1812 wieder.

Außer dem Foto der Schatzkammer, das ja recht bekannt ist, hatten wir kaum Vorstellungen von dem, was uns in Petra erwarten würde. Schon auf dem ersten Kilometer vom offiziellen Eingang bis hin zum Eingang in die Schlucht, dem Sik, werden wir überrascht. Rechterhand stehen sehr alte Blockgräber, die wie überdimensional große chinesische Teedosen aussehen. Diese Gräber stammen aus der zweiten Hälfte des 1. Jh. n. Chr. Ihnen gegenüber erhebt sich das Obeliskengrab mit einem Versammlungsraum im unteren Teil. Das sieht schon mal wirklich beeindruckend aus. Bereits von diesem Weg führen einige kleinere Wanderpfade zu Kultstätten ab. Diese erste Strecke kann man auch mit einem Pferd zurücklegen. Die Pferdeführer versuchen, uns mit einigen Tricks zum Reiten zu überreden. Doch so früh am Tage haben sie bei uns keine Chance. Im Sik werden wir von zwei gut bewaffneten Nabatäern in Empfang genommen. Sie sammeln Spenden für den Erhalt bzw. Rekonstruktionsarbeiten in Petra. Als Dank dürfen wir ein Foto von ihnen machen. Die Wanderung durch die ca. 1,2 km lange Schlucht ist atemberaubend. An manchen Stellen ist sie kaum 2 m breit und reicht weit in den Himmel hinauf. Was besonders auffällt sind die Wasserrinnen, die zu beiden Seiten in die Felswände gemeißelt sind. Auch sie ein Zeugnis des großen Wissens der Nabatäer. Über diese Wasserleitungen wurde das lebensspendende Nass von der Mosesquelle bei Wadi Musa in die Stadt geleitet. Wir laufen durch die Schlucht, immer in Erwartung, nach der nächsten Kurve die Schatzkammer zu entdecken. Und irgendwann ist es soweit. Es ist früh und in der Tat sind noch nicht viele Leute

unterwegs. Die Schlucht verjüngt sich und in ca. 30 m Entfernung können wir zwei Kamele sehen und hinter ihnen erstrahlt die wunderschöne Fassade der Schatzkammer. 40 m hoch und 25 m breit, über zwei Stockwerke ist sie im Fels verewigt. Die obere Etage wird von 6 Säulen getragen. Die 4 mittleren Säulen tragen einen Dreiecksgipfel, unter ihm befindet sich der Eingang zum Tempel. Die obere Etage besteht aus 4 Säulen, die ebenfalls einen Dreiecksgiebel tragen, dem jedoch der mittlere Teil fehlt, stattdessen vollendet ein Rundbau, wie mit einer Krone geschmückt, die wunderbare Optik. Zwischen den Säulen sind Reliefs in den Stein gehauen, z.B. stolze Krieger auf Pferden und Frauengestalten. Hunderte, gar tausende Reisende erliegen diesem Eindruck tagtäglich. Kein Wunder, es ist ein unvergesslicher Anblick. Diesen Moment genießen wir eine ganze Weile. Wir lassen uns auf einer Bank nieder und beobachten das Treiben, haben Teil an der Faszination der anderen Besucher. Doch irgendwann zieht es uns weiter, nicht ahnend, was uns hinter der nächsten Kurve erwartet. Wir laufen durch eine weitere breite Schlucht. Vor uns eröffnet sich eine Ebene. Unser Blick fällt direkt auf das Amphitheater vor uns. An den Felswänden zu beiden Seiten befinden dich Grab- bzw. Höhleneingänge. Rechterhand die sogenannte Königswand. Wir sind überwältigt von den Dimensionen. Uns wird klar, wie wenig wir von diesem besonderen Ort wussten. Es ist unmöglich, jedes einzelne der in Stein gehauenen Kunstwerke zu beschreiben. Locker kann man hier mehrere Tage verbringen und wird jeden Tag von Neuem erstaunt und überrascht sein. Auf dieser Reise (es wird eine nächste geben, das steht fest) haben wir zwei Tage eingeplant.
Am ersten Tag laufen wir den Weg zum Kloster, Ed Deir. Rechterhand erstreckt sich die Königswand, linkerhand das Amphitheater. Die Königswand hat ihren Namen im 19. Jh. erhalten. Sie besteht aus vielen monumentalen Grabfassaden. Man vermutet, dass hier hohe Würdenträger, Könige und Mitglieder der Königsfamilie begraben wurden. Insgesamt wurden in Petra 32 000 Bestattungsnischen und rund 1000 Fassaden gezählt. Wir laufen weiter, lassen das kleine

archäologische Museum hinter uns, überqueren den zarten Flusslauf Wadi Musa und gewinnen langsam an Höhe. Rund 800 Stufen führen durch Schluchten und vorbei an verschiedenen Sehenswürdigkeiten. Am Löwen-Triklinium machen wir eine Fotopause. Der Eingang sieht wie ein überdimensional großes Schlüsselloch aus. Immer wieder bleiben wir fasziniert vor Felswänden stehen, so beeindruckend ist das Farbspiel des Gesteins. Der Blick zurück in den Talkessel von Petra ist atemberaubend. Souvenirverkäufer finden sich an schattigen Plätzen ein. Sie sind freundlich, nicht aufdringlich, das macht das Wandern sehr angenehm und mit manch einem halten wir ein nettes Pläusch'chen. Nach einer guten Stunde erreichen wir Ed Deir. Das Bauwerk ist mit seinen 43 m Höhe und 47 m Breite noch größer, als die Schatzkammer. Auch das Kloster besteht aus zwei Etagen, mit Säulen und Kammern. Über allem thront am höchsten Punkt eine steinerne Urne. Man vermutet, dass Ed Deir ein Tempel war. Der Name Kloster ist eigentlich irreführen und ist wohl entstanden, weil sich hier eine Einsiedelei befand. Um die ganze Schönheit von Ed Deir zu bewundern, laufen wir noch ca. 20 Minuten weiter, zwei oder drei Zelte bilden hier oben das sogenannte Ende. Hinter ihnen fällt der Felsen in die Tiefe und der Blick wird frei auf die nahe Wüste. Man nennt diesen Platz auch das Ende der Welt.
In einem der Zelte oberhalb des Klosters lassen wir uns nieder, ein alter Beduine lädt uns zum Tee ein. Es macht auch ihm Spaß, mit uns zu erzählen. Viele Touristen genießen nur den phantastischen Blick von hier oben und haben dabei kaum einen Blick für die Beduinen. Und gerade sie sind so interessant. Sie können einiges berichten. Der alte Beduine erzählt uns, dass er noch bis vor einigen Jahren mit seiner Familie in Petra gelebt hat. Sein klingelndes Handy unterbricht unsere Unterhaltung. Eins seiner 11 Kinder ruft an und fragt, ob er heute nach Hause kommt. Ja, heute ja, sagt er. Manchmal verbringt er die Nächte hier oben im Zelt. Der lange Weg ist beschwerlich, schließlich ist er auch schon über 60 Jahre alt. Nach dieser interessanten Unterhaltung machen wir uns auf den Rückweg. Die Aussicht ist grandios. Eine

andere Welt liegt uns zu Füßen. Jetzt mal einen Zeitsprung machen, nur für eine halbe Stunde in die Blütezeit des nabatäischen Imperiums eintauchen. Diese Stadt muss riesig gewesen sein, überall Leben und Treiben in den viel zu engen Straßen, Holzhäuser mit Strohdächern und Markthallen wohin man schaut. Den Weg muss man sich mit schwer beladenen Eseln und Kamelen teilen. Passt man nicht auf, tritt man schnell in ihre Notdurft. Lebhaftes Stimmengewimmel, Marktschreier, Mütter, die nach ihren rumtobenden Kindern rufen. Plötzlich machen alle den Weg frei, die berittene Leibgarde des Königs macht sich unbeugsam breit. Der große König der Nabatäer tut kund … Den Rest habe ich nicht mehr mitbekommen, bin wieder im hier und jetzt gelandet. Eines ist sicher, die Sonne hat auch damals schon heiß und innig auf diesen Flecken Erde gebrannt. Nun laufen wir bergab und erreichen nach einer guten halben Stunde das weite Tal.

Nach einer Pause geht es weiter zum archäologischen Museum. Hier werden gerade alte Mosaike restauriert. Den Schatten genießend, schauen wir ein wenig zu. Unser Weg führt uns weiter zur Wand der Königsgräber. Wir laufen an der ganzen Wand entlang und erklettern einige der Gräber. Fast alle haben Eingänge zu Höhlen, wobei die Größe der Höhlen variiert. Eines der Gräber sticht durch seine Bogengänge hervor. Wir sind begeistert von so viel Schönheit. Und immer wieder diese wunderbar farbigen Gesteinsformationen. Es dauert eine ganze Zeit, bis wir wieder vor dem Amphitheater stehen. Durch die schattige Schlucht gelangen wir zurück zum Schatzhaus. Auch im warmen Licht der Nachmittagssonne ist es umwerfend schön. Wieder verbringen wir einige Zeit hier und beobachten die Menschen. Dieser erste Tag war schon mal ein riesen Abenteuer. Müde laufen wir die 1,2 km lange Schlucht zurück zum Eingang. Nun eine kühle Dusche, ein gutes Essen und ein kuscheliges Bett. Das haben wir uns verdient.

Den zweiten Tag in Petra lassen wir langsam angehen. Heute wollen wir uns erst in den Mittagstunden auf den Weg machen. Also nehmen wir uns alle Zeit der Welt für ein ausgedehntes original jordanisches Frühstück. Frisches

Fladenbrot, Joghurt mit Kräutern und Olivenöl und natürlich darf Hummus nicht fehlen. Hummus ist Kichererbsenpüree, auch das wird mit einer Kräutermischung und Olivenöl serviert. Wir stöbern in all den Reiseführern und Journalen herum, die an der Rezeption ausliegen, unterhalten uns mit der freundlichen Hotelbesitzerin. Sie ist Neuseeländerin und lebt schon seit vielen Jahren an diesem besonderen Ort. Ich frage sie nach den alten, sehr echt aussehenden Münzen. Unser Beduine vom Vortag wollte uns alte Münzen verkaufen. Doch wir hatten Zweifel. Können das überhaupt echte, 2000 Jahre alte, Münzen sein? Und wenn sie echt sind, wären sie doch viel mehr als die geforderten 20 € wert und man dürfte sie gar nicht mitnehmen. Doch Jane erzählt uns, dass es unglaublich viele Höhlen in Petra gibt und überall findet man immer wieder Schätze der vergangenen Zeit. Sie sagt, dass die Münzen mit ziemlicher Sicherheit echt sind.

Entspannt und ausgeruht machen wir uns gegen Mittag auf unsere zweite Erkundungstour. Wieder wandern wir durch die lange Schlucht. Ein alter Beduine sitzt am Weg und versucht ein paar Münzen zu verkaufen. Wir setzen uns zu ihm. Nein, wir wollen keine Münze kaufen, wollen uns einfach nur mit ihm unterhalten. Er erzählt, dass er schon über 70 Jahre alt ist. Zwei Frauen hat er und 15 Kinder. Ja, er schaut auf ein langes Leben zurück. Hier verbringt er seine Zeit und versucht etwas Geld in die Haushaltskasse zu bekommen. Zum Abschied schenkt er mir eine seiner Münzen. Ich kann sie nicht ablehnen, das wäre sehr unfreundlich. Die Münze ist schön. Auf der einen Seite sieht man den Kopf eines, ich würde mal sagen, römischen Adligen. Auf der anderen Seite könnte es sich um die Darstellung eines römischen Pferderennwagens handeln. Vor dem Schatzhaus herrscht dieses Mal reges Treiben. Menschen aus allen Teilen der Welt versammeln sich an diesem Ort. Wir laufen weiter. Schon vor dem Theater biegen wir links ab und folgen den Treppen. Heute wollen wir Petra aus einer anderen Perspektive erkunden. Wir machen uns auf den Weg zum großen Opferplatz. Die Treppen führen steil hinauf. Doch wir laufen plötzlich nicht mehr alleine. Ein hübsches Mädchen von vielleicht 8 Jahren begleitet uns. Sie heißt Hamza. Ihre weißen Zähne strahlen, wenn sie lächelt und ihre dunklen Haare, gebunden zu einem Zopf, wehen im Wind. Sie hat sich zu unserer selbst ernannten Reiseführerin gemacht, zeigt uns alles Sehenswerte auf der Wanderung. Zum Beispiel im Stein, wohl durch die Witterung, entstandene Muster. Hamza weist uns auf die schönsten Ausblicke hin. Kurz vor dem Opferplatz sehen wir die beiden Obelisken linkerhand von uns. Ihre Bedeutung ist nicht klar. Man vermutet, dass es sich um Gedenksteine für zwei hohe Würdenträger oder ein Königspaar handelt. Hier machen wir eine kurze Pause, bewundern die Aussicht und laufen weiter zur Gipfelplatte und dem Opferplatz. Von hier oben hat man wohl den besten Blick auf Petra und seine Bergwelt. Ein fantastischer Ausblick, alles liegt uns zu Füßen und wirkt aus dieser Höhe umso mehr. Die Königswand, das weite freie Tal mit der Säulenstraße, weit entfernt der Weg zum Kloster, wo wir gestern waren. Auch hier gibt es natürlich einen Souvenir Shop. Die Besitzerin lädt uns zum Tee ein. Es scheint, als sei sie eine Tante von unserer kleinen Reiseführerin. Wir nehmen die Einladung an und genießen für eine Weile die Ruhe an diesem Ort. Obwohl täglich sehr viele Touristen in Petra unterwegs sind, ist es fast überall entspannt und ruhig, keine Spur von Massentourismus. Sie erzählt uns das Hamza zur Schule geht und hier ihre freie Zeit nach der Schule verbringt. Die Aussicht ist grandios und nachdem ich mindestens "zwei Filme" vollgeknipst habe, machen wir uns wieder auf den Weg. Hamza führt uns über Felsen zum Regenwasserbecken. Es sieht, wie ein Swimmingpool aus alten Zeiten aus. Wir laufen zurück zum Platz bei den beiden Obelisken. Hier trennen sich unsere Wege. Zwischendurch schulten Hamzas große Kinderaugen immer wieder auf die kleine Taschenlampe, die an meinem Rucksack hängt. Zum Abschied schenke ich ihr diese kleine Taschenlampe. Ganz verschämt nimmt Hamza das Geschenk an und winkt uns lange hinterher.

Nun müssen wir unseren Weg alleine finden. Doch kann man sich kaum verlaufen, es geht abwärts. Auf halbem Weg finden wir das Ende der Wasserleitung. Früher soll hier das Wasser aus dem Maul eines Löwen gesprudelt sein. Mit sehr viel Fantasie lässt sich vielleicht noch ein Löwenkopf erkennen. Es geht vorbei am Gartentempel. Einen Garten sucht man jedoch vergebens, nur der Tempel hat die Zeit überlebt. Unten angelangt erreichen wir das Renaissancegrab, welches sich gegenüber dem bunten Saal befindet. Hier wurden früher Totenfeste gefeiert. Besonders schön ist die Marmorierung des Sandsteins im bunten Saal. Wir laufen weiter ins Tal hinein. Auch hier sind in der Felsenwand überall Tempel bzw. Höhleneingänge zu sehen. Blühende Oleanderbüsche erstrahlen hin und wieder am Fels. Ein traumhaftes Farbspiel, das rosarot und grün des Oleanders vor dem orangefarbenem Fels. In der Nachmittagssonne drehen wir noch eine große Runde, linkerhand von uns die damalige Stadt mit der Hauptstraße, dem Säulengang und dem Flussbett. In weiter Ferne die Königsstraße mit ihren monumentalen Grabeingängen. Wir kehren zurück zum Startplatz unserer heutigen Wanderung hinter dem Amphitheater. Ein Esel kommt die Treppen hinunter und auf seinem Rücken winkt uns die kleine Hamza zu.

Selbstverständlich lassen wir uns am Schatzhaus viel Zeit. Hier wird es nie langweilig. Eine arabische Reisegruppe kommt gerade an, vielleicht sind es Geschäftsleute. Ein älterer Herr versucht sich an seinem Mobiltelefon inmitten dieser Kulisse. Es ist doch überall auf der Welt das gleiche Spiel. Langsam schlendern wir zurück durch die Schlucht. Petra in Worte zu fassen ist fast unmöglich. Petra muss man gesehen haben.

Den Sonnenuntergang und den Abend verbringen wir in einem Beduinencamp, ganz in der Nähe. Wir fahren aus der Stadt. Kurz vor dem Dorf, in das die Beduinen in den 70-ger Jahren umgesiedelt wurden, schauen wir von einem Aussichtspunkt noch einmal auf das weite Tal zurück. Wir durchqueren das quirlige Dorf und folgen der Straße durch eine schöne Wüstenlandschaft. Nur ein kleines Stück, dann biegen wir ab und sind in unserem Beduinencamp. Es ist gar nicht so einfach, das richtige Camp zu finden, denn es gibt einige davon. Nach dem Sonnenuntergang wird an einer Feuerstelle inmitten des Camps ein Feuer entfacht. Tee wird gekocht und wir genießen die entspannte freundliche Stimmung. Schließlich gibt es ein Büffet mit jordanischen Köstlichkeiten. Fisch, Geflügel, Gemüse, Hummus, Joghurt und natürlich gibt es frisches Fladenbrot. In der Dunkelheit erhellen nun tausend Lichter den Berg hinter dem Camp. Die Jordanier sind echte Romantiker, besser geht es nicht. Wenn es am schönsten ist, soll man gehen. Wir müssen Abschied nehmen, denn es zieht uns weiter.

Ein letztes Mal genießen wir das gute Frühstück im Rocky Mounten Hotel in Wadi Musa und dann satteln wir unseren Wagen und machen uns auf den Weg nach Wadi Rum. Wadi Rum hat nichts mit dem gleichnamigen Getränk zu tun. Wadi Rum ist eine bezaubernde Wüstenlandschaft, die es schon Thomas Edward Lawrence (1888-1935) alias Lawrence of Arabien, angetan hatte. Die Fahrt dorthin führt durch grandiose Landschaften, wie nicht anders zu erwarten. In der Ferne ziehen Kamele und Ziegenherden ihres Weges und immer wieder sehen wir Beduinencamps. Für ein kurzes Stück fahren wir auf die Autobahn und dann sehen wir schon die Beschilderung in Richtung Wadi Rum. Die Straße führt geradewegs in die Wüste und wir tauchen ein in die Welt der Wüstennomaden. Aus der Ferne erkennen wir das Visiter Center. Es passt sich sehr elegant dieser wunderbaren Landschaft an. Jeder Besucher muss sich im Visiter Center anmelden. Von dort wird man sozusagen weitergeleitet. Die Wüstencamp-Veranstalter werden informiert, um die Besucher im Dorf in Empfang zu nehmen. Also fahren wir ins Dorf Rum, wo uns Attalah erwartet. In seinem Beduinencamp haben wir eine Übernachtung gebucht. Eigentlich wissen wir gar nicht so richtig, was jetzt auf uns zukommt. Doch Attalah lässt uns nicht lange im Dunkeln. Bei einem Tee in seinem Haus erzählt er uns, welche Möglichkeiten wir haben und wie wir unsere Zeit hier verbringen können. Schließlich gibt er uns Ali an die Hand, ein toller Guide und noch besserer Koch, wie wir schnell feststellen werden. Zwei Tage haben wir für Wadi Rum eingeplant. Die erste Nacht werden wir im Camp

schlafen, die zweite unter freiem Himmel in der Wüste. Ali wird uns auf fast all unseren Wegen begleiten. Schon sitzen wir in seinem 27 Jahre alten Jeep und machen uns auf den Weg. Unser Auto lassen wir im Dorf bei Attalah stehen. Mit unserem Auto würde die Tour bald ein Ende finden, denn die Asphaltstraße endet mit dem letzten Haus des Dorfes. Ganz in der Nähe des Dorfes befindet sich der Allat–Tempel, das interessanteste Baudenkmal im Wadi Rum. Es handelt sich dabei um einen nabatäischen Tempel aus dem 1. Jh. n. Christus. Man vermutet, dass er der Göttin Allat gewidmet war, denn man fand bei seiner Entdeckung in den 30-er Jahren eine Sitzfigur der Göttin im Inneren des Tempels. Die Nabatäer verehrten das Wadi Rum. Auch wird vermutet, dass die Römer diesen Ort und Tempel ebenfalls verehrten. Groß ist der Tempel nicht, aber sehr schön am Fuße des Jabal Rum gelegen. Unsere Fahrt geht weiter. Unweit des Tempels machen wir einen nächsten Halt. Wir laufen zu einer kleinen Quelle. In der Mittagshitze geht es langsam bergauf. Das saftige Grün um die Quelle herum gibt einen schönen Kontrast zum rötlichen Sandstein. Das finden auch die Vögel, die sich hier einfinden. Auf der anderen Bergseite zieht eine Ziegenherde am Hang entlang. Sicher haben sie sich gerade an der Quelle gestärkt. Bergab sind wir schneller und können unser nächstes Ziel anvisieren. Lawrence Spring, auch bis dorthin nur eine kurze Autostrecke. Ein kleiner Fußmarsch bergauf, dort befindet sich eine Quelle, in der Lawrence damals gebadet haben soll. Die Mittagshitze macht uns müde. Wir ersparen uns die Wanderung und bestaunen die Wandmalereien am Fels, Informationen für vorbeiziehende Karawanen. Im Schatten eines Zeltes lassen wir uns nieder und machen eine kleine Pause. Ein Kamel schaut gelangweilt zu uns rüber und denkt sich wohl, hoffentlich wollen die jetzt nicht einen Kamelritt machen. Keine Bange, wollen wir nicht. Wir fahren weiter in die Wüste hinein.
Denkt man an die Wüste, sieht man Sanddünen und jede Menge Sand vor seinem inneren Auge. Wadi Rum ist nicht einfach nur eine Wüste. Sie ist phantastisch. Lawrence nannte sie göttlich. Entstanden ist das Wadi Rum vor rund 30 Mio.

Jahren. Geologische Verwerfungen verursachten damals einen gewaltigen Riss, der auch das Jordantal, das Rote Meer und den Golf von Aqaba entstehen ließ. Der Aufbau des Gebirges ist in den Gesteinsschichten gut erkennbar. Wind und Wetter haben für den Rest gesorgt. So haben sich über die Jahrtausende bizarre Gesteinsformationen im weichen Sandstein gebildet z.b. Brücken. Eine dieser Brücken besuchen wir, die kleine Brücke. Mit etwas Geschick erklettern wir die Felsformation und schießen ein paar tolle Fotos. Weiter geht es zu einer riesigen Sanddüne. Wir lassen unsere Schuhe am Auto stehen und laufen durch den heißen roten Sand auf die ca. 10 m hohe Düne. Oben ist es durch den Berg im Hintergrund schattig und der Sand wunderbar weich und kühl. Der Ausblick ist phantastisch. Die Farben der Wüste wechseln von hellstem beige bis hin zu einem tiefen Rostrotton. Wo man hinschaut, überall erheben sich bizarre Felsformationen aus dem flachen Land. Im Wadi Rum befindet sich auch der höchste Berg Jordaniens. Der Jabal Rum mit seinen 1750 m erhebt sich im äußersten Süden des Landes, 40 km östlich von Aqaba. Hier erreichen die Berge immerhin auch eine stolze Höhe von bis zu 400 m. Gegen 17.00 Uhr erreichen wir unser Wüstencamp. Es befindet sich an einer steil aufsteigenden Felswand. Die Zelte sind einfach, aber sauber und für ein Wüstencamp recht komfortabel. Auch Duschen und Toiletten gibt es, was will man mehr. Nach der dringend benötigten Dusche laufen wir mit Kamera und Stativ auf eine nahe Sanddüne. Von hier genießen wir den Sonnenuntergang über der Wüste. Unglaublich schön und ruhig ist es. Das Wadi Rum scheint uns zu gehören. Wer glaubt, dass das nun genug Highlights für einen Tag waren, täuscht sich. Denn jetzt erwartet uns ein richtig leckeres und sehr originelles Beduinendiner im Gemeinschaftszelt. Es ist recht groß und vollends mit Teppichen ausgelegt. Die Schuhe lassen wir draußen stehen und betreten das angenehm temperierte Zelt. Rechterhand steht ein langer Tisch, auf dem später das Essen serviert wird. Tische und Stühle sucht man hier vergebens. Im ganzen Zelt liegen Matratzen, Decken und Kissen herum und laden die Gäste ein, es sich gemütlich zu

machen. Wir gehen auf die andere Seite des Zeltes, wo eine Feuerstelle in Form eines länglichen Grills aufgebaut ist. Natürlich steht eine schwarz verkohlte Teekanne mit frischem heißem Tee bereit. Wir machen es uns gemütlich und haben schon einen Tee zur Hand. Außer uns sind noch zwei Mädels aus Kanada und Holger aus Deutschland zu Gast. Wir lauschen den Klängen der Oud. Das ist eine Kurzhalslaute, ein traditionelles Musikinstrument des Landes. Attalah und Ali fallen immer wieder in den Gesang mit ein. Es scheint fast wie ein Wettkampf. Man merkt ihnen die Freude an, die sie dabei empfinden. Nach einer ganzen Weile fordern sie uns auf, ihnen nach draußen zu folgen. Hinter dem Zelt ist eine Feuerstelle und der Koch ist bereits damit beschäftigt, die glühenden Holzscheide beiseite zu schieben. Griff und Deckel eines großen Behälters werden sichtbar. Zu zweit wird nun der ca. 1 m hohe Behälter aus der Vertiefung geholt. Mit einem Tuch wird alles penibelst sauber gemacht und dann der spannende Moment. Was steckt da drin? Der Deckel wird vorsichtig aus seiner Verankerung genommen und zum Vorschein kommt ein Rost über drei Etagen. Ein köstlich orientalischer Duft macht sich breit. Knusprig gegrilltes Geflügel, Kartoffeln und verschiedene Gemüse, wie Zwiebeln und ganze Tomate lassen uns das Wasser im Mund zusammen laufen. Gesünder kann man nicht essen und es schmeckt einmalig. Auf dem Buffet stehen nun natürlich noch Hummus, Joghurt und Fladenbrot bereit. Tee wird gereicht und Wasser, nur auf den Rum müssen wir im Rum verzichten. Aber den braucht man hier wirklich nicht. Der Abend vergeht schneller als uns lieb ist, mit hervorragendem Essen und Geschichten aus der ganzen Welt. Die ruhige Nacht vergeht mal ohne den Gesang des Muezzin.
Das Frühstück in der Wüste ist so lecker wie das Abendbrot. Kaffee, Brot , Joghurt, Marmelade und sogar Ei. Wir lassen es uns schmecken und beobachten gleichzeitig, wie am Horizont die Sonne aufgeht. Schon sitzen wir wieder in unserem 27 Jahre alten Jeep und suchen die Wüste zu erkunden. Unser erstes Ziel ist eine kleine Schlucht, in die wir nur ein Stück weit hinein laufen. Im Inneren finden wir ein paar sehr schöne

und alte Felsmalereien. Die Fahrt geht weiter durch grandiose Landschaften zur mittleren Brücke, natürlich erklettern wir auch diese Naturschönheit. Ali schießt ein paar spektakuläre Fotos von uns und dann geht es weiter zu einer anderen Schlucht. Ali dreht mit dem Auto ab und wir machen uns zu Fuß auf den Weg durch die Schlucht. Am Ausgang empfängt Ali uns wieder mit weit ausgestreckten Armen. Wir fahren weiter, rechterhand erhebt sich ein Bergmassiv und wir können die große Brücke erkennen. Um zu ihr zu gelangen, braucht man neben sportlicher Fitness genügend Zeit. Vier Stunden soll der Auf- und Abstieg in Anspruch nehmen. Nun, man muss ja nicht auf jede Wüstenbrücke klettern. Schon der Anblick ist beeindruckend und dabei belassen wir es, fahren weiter durch die sandige Natur. Irgendwo zwischen Sandsteinfelsen entlässt uns Ali in die Wüste, zeigt uns den Weg und verschwindet hinter einer staubigen Wolke. Was bleibt uns übrig, wir laufen durch die heiße Mittagssonne und suchen uns unseren Weg. Es scheint schwer vorstellbar, dass eine Wüste schön sein kann. Sicher, befindet man sich inmitten einer trockenen Wüste, wo es außer Sanddünen nichts anderes gibt, vergeht die Faszination nach einem halben Tag. Das Wadi Rum ist mehr, als eine Sandwüste. Es ist in jeder Hinsicht aufsehenerregend durch das Farbspiel und die Bergformationen. Nach einer knappen Stunde erkennen wir im Schatten einer steilen Felswand unseren Ali. Er hat für uns einen gemütlichen Platz hergerichtet, der Tee ist fertig, die Linsensuppe kocht und das Fladenbrot wird auf der Glut des Feuers erwärmt. Wir genießen diese schattige Pause in der Mittagszeit. Am Nachmittag geht es zurück zum Camp. Auf dem Weg machen wir einen letzten Stopp an einem gewaltigen Steinpilz. Zwei Steine, die aufeinander liegen und aussehen wie ein großer Pilz.

Im Camp ist es ruhig. Außer uns ist niemand da. Wir hören endlosscheinende Musik, sehen aber keinen Musiker. Nach einer Weile laufen wir auf die Düne vor unserem Camp und setzen uns in den Sand. Wir lauschen noch immer der melancholischen Melodie der Wüste. Als wir ein Stück weiter laufen, erkennen wir unter der Felswand eine Höhle. Unser

Musiker vom Vorabend winkt uns zu sich und bietet uns einen Tee an. Nun wissen wir, wo die Melodie ihren Ursprung hat. Er erzählt uns, dass dies sein Lieblingsplatz ist. Hier sitzt er stundenlang und musiziert. In einem größeren Ort oder gar einer Stadt kann er nicht leben. Er ist Beduine und liebt seine Freiheit über alles. Zum Leben braucht er nicht viel. Hier hat er ab und zu einen Job, als Reiseführer oder Musiker. Das reicht ihm. Mehr braucht er nicht zum Leben. Und er ist glücklich, ruht friedlich in seinem Dasein. Wir beneiden ihn. Doch wissen wir, dass wir hier auf Dauer nicht leben und glücklich sein könnten. Wir sind nun mal keine Beduinen. Doch diese Zufriedenheit würden wir gerne mitnehmen. Wie oft ist man zu Hause vor sich selbst auf der Flucht. Der Zeitdruck in unserer Gesellschaft wird immer größer und die Kraft, NEIN zu sagen, fehlt oft. Dabei ist es wichtig, inne zu halten und Ruhe in sich selbst zu finden. Diesen Luxus gönnt man sich viel zu selten.

Wir verabschieden uns von unserem Gastgeber und laufen zurück zum Camp. Duschen, Sachen packen und schon sitzen wir wieder in unserem Jeep und der bringt uns tiefer in die Wüste hinein. Im Windschatten einer kleinen Felswand schlagen wir unser Lager auf. Wir machen uns auf die Suche nach dem ultimativ besten Sonnenuntergangsplatz. Für so etwas haben wir einen Riecher. Nach einer halben Stunde lassen wir uns auf einem Felsen nieder und schauen der Sonne auf ihrem Weg in den nächsten Tag zu. Zurück im Camp, ist natürlich schon wieder alles für unser Wohlergehen bereit. Ein gemütlicher Platz, ein Feuer in dessen Asche eine mit Alufolie überspannte Pfanne heiß läuft. Ali reicht uns Tee und wir genießen die abendliche Ruhe. Nach einer Weile holt Ali die Pfanne aus der Glut. Er reinigt alles und entfernt die Folie. Verschiedene Gemüse, Kartoffeln und Hühnchen Schenkel baden in lecker duftendem Orient. Dazu gibt es glutwarme Fladen, einfach köstlich. Inzwischen ist es fast dunkel geworden. Aus einem Nachbarcamp sind ein paar Beduinen zu uns herüber gekommen. Sie haben ein Musikinstrument mitgebracht und nehmen an unserem Feuer Platz. Es macht Spaß sie zu beobachten, sie machen Scherze und einer tanzt, wie ein junges Fräulein ums Feuer herum. Leider können wir nicht alles verstehen, aber ganz offensichtlich hat er Liebeskummer. Irgendwann machen sie sich wieder aus dem Staub, wie man hier sehr passend sagen kann. Nun gehört die Nacht uns. Eine Nacht unter einem besonders schönen Sternenhimmel. Tausende blinzelnder Sterne wiegen uns in den Schlaf. Ein paar Sternschnuppen schicken wir unsere Wünsche hinterher, in die weite Wüstennacht. So könnten wir jede Nacht einschlafen. In der Nacht werden wir immer mal wieder wach und schauen, ob sich über uns schon etwas verändert hat. Schließlich macht sich der Morgen breit. Wenige große Sterne schaffen es, durch den hellen Morgenhimmel zu strahlen. Vor Sonnenaufgang stehen wir auf, laufen leise an Ali vorbei und unternehmen einen Spaziergang. Im Sand sehen wir frische Spuren von Tieren. Wer diese Spuren wohl hinterlassen hat? Ein Wüstenfuchs, eine Antilope oder war es ein Wüstenigel? Auf unserem Sonnenuntergangsfelsen setzen wir uns und warten auf die Sonne. Ihre ersten Strahlen fallen weit über das Land und man spürt ihre Wärme schnell. Wobei die Nacht nicht kalt war. Wir haben gehört, dass die Nächte in der Wüste sehr kalt sein können. In der Tat wird es in der Winterzeit empfindlich kalt im Wadi Rum, es kann frieren und sogar Schnee fällt ab und an vom Himmel. Wie kann es anders sein, als wir zu unserem Nachtlager zurück kommen, hat Ali schon Tee gekocht, Frühstück steht bereit und Fladenbrot liegt auf dem Beduinentoaster, der Glut. Welch eine wunderbare Nacht, gekrönt von einem echten Wüstenfrühstück. Doch das Leben geht weiter und wir sammeln unsere Sachen zusammen, beladen den Jeep und fahren zurück zum Camp. Dort sammeln wir unser restliches Gepäck ein und verabschieden uns vom Koch und unserem Musiker. Ali bringt uns zurück in das Dorf Rum. Bei Attalah gibt es einen Abschiedstee. Neue Gäste sind angereist und wir berichten von unserer unvergesslichen Wüstentour. Schließlich wird es Zeit für uns, weiterzuziehen. Wir verabschieden uns von Ali und Attalah, schauen die einsame Wüstenstraße zurück und fahren in Richtung Meer.

Unser nächstes Ziel ist Aqaba. Der Weg dorthin ist nicht weit. Durch bergiges Land schlängelt sich die Straße hinunter ans Meer. Hinter jeder Kurve vermuten wir den Blick auf das türkisfarbene Nass. Endlich, eine breite Straße führt in die Stadt, fast geradezu auf die Küste. In einem Hotel erfragen wir den Weg zu unserem Hotel. Es befindet sich etwas außerhalb der Stadt. Wir fahren die Wüstenstraße in Richtung Saudi Arabien weiter. Rechterhand das Meer und der Stadtstrand, den die Einheimischen benutzen. Gespannt folgen wir dem Straßenverlauf, denken schon, dass wir zu weit fahren. Es geht vorbei an einem keinen Hafen mit großen Containerschiffen. Wo soll man hier tauchen können? Endlich, nach einer ganzen Weile zeigt sich die Küste von ihrer erholsameren Seite. Breite Strände mit aneinandergereihten Strandschirmen, der Sand ist kiesfarben und das Meer wunderbar blau.

Und da, wir sehen ein Hinweisschild zu unserem kleinen Hotel. Wir verlassen die Küstenstraße und fahren an einigen Tauch-Hotels vorbei, nach ca. 500 m haben wir das Red Sea Dive Center erreicht. Ein freundliches kleines Hotel, mit Tauchschule und einem großen Swimming Pool. Wir genießen die Tage in diesem ruhigen Hotel sehr. Es ist einfach, sehr sauber und das Personal unglaublich freundlich und hilfsbereit. So etwas erlebt man selten. Der Koch kommt aus Ägypten und weiß, was er kann. Wir lassen es uns schmecken. Der Haus-Boy, ein junger Mann aus Bangladesch hat uns sehr beeindruckt. Er hat schon viel in seinem jungen Leben erlebt. Auf unerlaubten Wegen über die Grenze hat er es bis nach Jordanien geschafft. Er wusste, dass er hier die Möglichkeit hat, für eine bestimmte Zeit, eine Arbeitserlaubnis zu bekommen. Er spart das Geld für eine bessere Zukunft in seiner Heimat. Man merkt ihm die Sehnsucht an, die ihn treibt. Die Sehnsucht nach seiner Familie und seinem Heimatland. Schade, dass es für viele Menschen auf dieser Welt kaum Chancen gibt. Stattdessen treten junge Leute in unserem reichen Land ihre Chancen in den Wind, weil sie nicht verstehen, was sie eigentlich für Möglichkeiten haben. Wir merken, dass es auch ihm Spaß macht, sich mit uns zu unterhalten. Manche Gäste schauen sich gar nicht um und merken nicht, was da manchmal für besondere Persönlichkeiten vor ihnen stehen, nur weil sie vielleicht einen Besen in der Hand halten.

Am Abend setzen wir uns mit einem Bierchen auf die Dachterrasse und schauen dem Sonnenuntergang zu. Es gibt nicht sehr viele Orte auf der Welt, an denen man gleichzeitig auf vier Länder schauen kann. Linkerhand sind es keine 10 Autominuten bis nach Saudi Arabien. Uns gegenüber, auf der anderen Seite des Roten Meeres liegt Ägypten, gleich daneben Israel mit einem schmalen Meeresstreifen und dann folgt Jordanien, ebenfalls mit einem überschaubaren Meereszugang.

Nun ist es an der Zeit, Aqaba zu entdecken. Ein strahlend blauer Himmel begrüßt uns an diesem Morgen. Mit unserem Auto fahren wir die gut ausgebaute vierspurige Straße zurück ins Zentrum von Aqaba. Linkerhand das blaue Meer und der Hafen. Nicht zu übersehen ist der höchste Fahnenmast der Welt, mit seinen 138 m. Die im Wind wehende Flagge Jordaniens ist 20 x 40 m groß! Auf der Fahrt stoppen wir bei einem fahrenden Gemüsehändler. Melonen, Äpfel, Bananen und vieles mehr. Wir kaufen eine Melone und ein paar saftig rote Äpfel. Direkt an der großen Moschee parken wir unser Auto, machen uns zu Fuß auf den Weg. Ganz entspannt bummeln wir durch die Straßen und den Souq. In einem Gewürzgeschäft kaufen wir einige Gewürze. Die Farben und Gerüche sind ein Fest für die Sinne. Vor einem Souvenirgeschäft kommen wir ins Gespräch mit dem Verkäufer. Ein älterer Herr mit weißem Turban kommt dazu. Es geht um Fußball, da werden überall auf der Welt die Männer redselig. Wir werden zum Kaffee eingeladen. Herrlich, die Männer diskutieren, wer denn nun der beste Fußballer der Welt ist und ich kann in aller Ruhe durch den Laden stöbern. Bestimmt eine Stunde sind wir zu Gast in diesem Geschäft. Nebenbei erfahren wir dann aber doch noch einiges mehr. Der ältere Herr ist 73 Jahre alt und der frühere Besitzer des Geschäftes. Er war einige Male zu Gast in Deutschland. Das kühle Wetter dort hat ihm gefallen. Nun genießt er den Ruhestand und freut sich, mit Reisenden ins

Gespräch zu kommen. Er ist stolz auf sein Heimatland und verehrt den König. Er meint, König Abdullah ist ein guter und weltoffener König, wie schon sein Vater König Hussein. Allgegenwärtig ist König Hussein. Er wird noch heute von seinem Volk geliebt und verehrt, obwohl er schon 13 Jahre nicht mehr lebt.

Beim Rumstöbern finden wir eine Pistole mit vier Läufen. Amüsiert erklären uns die beiden, dass es sich dabei um eine Schwiegermütter - Pistole handelt. In Jordanien dürfen die Männer vier Frauen ehelichen. Das bedeutet natürlich auch, dass man es dann mit vier Schwiegermüttern zutun hat.

Vergnügt ziehen wir weiter. In der Post geben wir unsere Karten ab und in einem Bottle Shop kaufen wir Bier und Wein. Endlich mal wieder ein guter Tropfen. Es geht ohne, aber ein Glas Wein am Abend im Urlaub hat was. Den Nachmittag verbringen wir in unserem Hotel. Am Abend fahren wir nochmals in die Stadt. Die Moschee ist wunderschön beleuchtet. Auf den Straßen herrscht geschäftiges Treiben. Die Autos schieben sich in Schlangen durch die Straßen der Altstadt. In einem Restaurant mit Blick auf die Moschee, das Rote Meer im Hintergrund, essen wir zu Abend. Bevor wir zurück zum Hotel fahren, laufen wir nochmals durch den Souq. Wir suchen ein Geschäft, wo wir CD's mit landestypischer Musik kaufen können. Dabei fällt uns in einem Buchladen ein jordanisches Kochbuch in die Hände. Es ist sogar in deutscher Sprache zu haben. Wir kaufen es und fragen den Verkäufer nach einem CD Geschäft. Er zeigt uns den Weg. Keine 300 m entfernt, finden wir ein solches Geschäft. Hier gibt es wirklich alles. Der Laden ist voll mit CD's und DVD's. Alles frisch aus dem Internet geladen und gebrannt. Was wir wünschen? Attalah hat uns einen Tipp gegeben. Hassan al Marei, gute jordanische Musik. Er hat sie nicht vorrätig und sagt, wir sollen nur einen kleinen Moment warten. Im Internet ist der Interpret schnell gefunden. So kommen wir zeitnah und günstig zu unserer Musik. Für einen Euro machen wir den Spaß gerne mit. Zurück im Hotel gibt es heute einen echten "Sundowner" vor dem Schlafengehen.

Für die nächsten beiden Tage haben wir 4 Tauchgänge geplant. Eigentlich ist das Rote Meer ein Traum für Taucher. Wir sind gespannt, was uns erwartet. Die Nähe zum Hafen von Aqaba lässt vermuten, dass die Unterwasserwelt hier nicht vergleichbar ist, mit anderen Regionen. Leider müssen wir feststellen, dass doch recht viel Plastikmüll im Wasser umher schwimmt. Beim ersten Tauchgang treffen wir unerwartet auf einen Panzer. Das ist nicht unbedingt das, was wir beim Tauen sehen möchten, wobei der Panzer eigentlich ganz drollig anzusehen ist. Vielleicht, weil mehrere Feuerfische es sich dort gemütlich gemacht haben. Am zweiten Tag machen wir einen Ausflug zu einem Containerschiff. Wer es liebt, solche Dinge unter Wasser zu sehen, der ist hier richtig. Unser ist es nicht. Wir möchten uns lieber an Fischen, Korallen und der Unterwasserwelt erfreuen. Wir genießen die beiden Tage trotzdem. Am Abend fahren wir ans Wasser und verbringen die Sonnenuntergangszeit mit den Einheimischen am Strand. Neugierig und sehr freundlich begegnen sie uns. Ein freundliches Lächeln öffnet Welten. Und den Sonnenuntergang lieben die Menschen überall auf der Welt. Von der israelischen Seite zieht ein Sandsturm zu uns herüber. Der Himmel, der im gelben Licht der untergehenden Sonne schimmert, wird plötzlich durch eine Wand aus Sand verhangen. Nur sehr schwach kann die Sonne hindurch schimmern. Irgendwie ist es, wie die Ruhe vor dem Sturm. Gleich muss es losgehen. Doch es dauert eine ganze Weile, bis der Sandsturm bei uns ankommt. Wir sitzen bereits beim Abendessen am Pool in unserem Hotel, als die Luft plötzlich recht sandig schmeckt. So beschließen wir, das Essen nach innen zu verlegen.
Am nächsten Morgen ist von all dem nichts mehr zu spüren. Der Himmel erstrahlt in seinem schönsten blau.
Nun liegt noch ein weiteres Highlight vor uns. Wir verlassen Aqaba und fahren auf der Wüstenautobahn in Richtung Totes Meer. Linkerhand haben wir immer den Blick auf Israel. Rechterhand schauen wir hinauf in die bergige Canyon Landschaft und rätseln, wo wohl Sammy seinen Viewpoint hat. Ein Esel steht mitten auf der Straße. Er denkt gar nicht

daran, Platz zu machen. Ziegenhirten treiben ihre Tiere über das trockene Land. Kamele gleiten über den sandigen Untergrund. Wir halten das Auto an einer der Sanddünen. Sie ist perfekt geformt, ohne Spuren im Sand. Nicht ganz. Wir entdecken ein paar kleine schwarze Wüstenkäfer. Ihre Spuren sehen aus, wie die Spuren von Skorpionen. Sie versuchen, die Dünen zu erklimmen, rutschen im weichen Sand jedoch immer wieder in die Tiefe. Das sollte uns besser gelingen. Wir lassen unser Schuhe stehen und laufen auf dem Kamm die Düne empor. Der Sand ist warm und weich, fühlt sich wie Samt unter den Füßen an.

In aller Gemütlichkeit nähern wir uns dem tiefsten Punkt der Erde. In Safi können wir in der Ferne das helle Türkis des Wassers erkennen. Hier, am südlichen Ende des Meeres, findet der industrielle Abbau der wertvollen Mineralien des Toten Meeres statt. Wir kommen dem Gewässer immer näher. Am Straßenrand stehen einige Stände mit wunderbar gelben Honigmelonen. Wir beschließen eine zu kaufen. Sie sind immer zu sechst in einer Kiste. Ich zeige dem Verkäufer, dass ich eine Melone kaufen möchte und frage nach dem Preis. Er sagt 2 Djod, o.k. sag ich und er gibt mir eine Kiste. Hilflos schaue ich ihn an, auch er scheint etwas ratlos. Will mir unbedingt eine ganze Kiste mitgeben. Wir einigen uns schließlich auf zwei Melonen. Wir haben etwas Frisches und er hat ein gutes Geschäft gemacht. Ein Stück weiter stehen wir nun direkt am Ufer des Toten Meeres. Es ist so ganz anders, als das, was wir kennen. Ein schneeweißer Saum umgibt das ganze Meer. Wie eingefroren wirkt dieser Saum, weiße weiche runde Schollen. Aber es ist warm und das Wasser türkis und es wirkt dickflüssig, wie eine Soße. Wir rühren in der Soße und testen es an unseren Fingern. Der Koch muss sehr verliebt sein. Die Soße ist total versalzen. Wir fahren weiter. Am anderen Ende des Meeres befinden sich die Hotelkomplexe. Ungefähr auf der Hälfte der Strecke halten wir am Wadi Mujib Visitor Centre. Hier befindet sich das Wadi Mujib Natur Reserve. Aufregende Wandertrails warten hier auf Abenteuerlustige. Das wäre nicht schlecht, aber uns wird langsam die Zeit knapp. Die restlichen Tage sind verplant.

Im Hotel angekommen müssen wir leider feststellen, dass unser Reiseanbieter es verschusselt hat, für uns ein Zimmer zu reservieren. Das ist unglücklich, denn heute ist Freitag und die Hotels sind sehr gut ausgebucht. Auch die Jordanier lieben es am Wochenende ans Tote Meer zu fahren. Doch wir haben mal wieder Glück. Vielleicht, weil wir ruhig bleiben und nicht gleich loswettern, sagt der bemühte Hotelmitarbeiter. „Also, wenn sie wollen und noch eine Stunde Zeit haben, dann habe ich ein schönes Zimmer für sie." Na klar. Die Zeit wird nicht vergeudet und wir gehen erst einmal auf Entdeckungstour, laufen runter zum Wasser, besichtigen die Hotelanlage und trinken einen Kaffee. Die Stunde ist schnell vergangen. Zurück an der Rezeption erhalten wir nun einen Zimmerschlüssel und machen uns auf den Weg. Fünfter Stock, ja da ist es. Das Zimmer ist der Hammer. Geräumig, mit großen Fensterfronten zu zwei Seiten. Wenn man bedenkt, dass wir eigentlich ein günstigeres Zimmer, ohne Meerblick, gebucht hatten. Warten lohnt sich. Rechterhand haben wir Ausblick auf die Poollandschaft des Kempinski Komplexes. Das Hotel spielt in einer anderen Liga. Wir erfreuen uns am Ausblick, den Zimmerpreis wollen wir nicht unbedingt bezahlen. Nach vorne heraus schauen wir direkt auf das Tote Meer. Im Bergland Israels können wir einen golden schimmernden Punkt ausmachen. Das kann nur der Felsendom von Jerusalem sein. Hier am Toten Meer gibt es nur zwei Kategorien an Hotels, die teuren und die sehr teuren. Wobei die teuren Hotels nicht den Standard erfüllen, den der Preis verspricht. Eine günstigere Alternative wäre es, sich ein Hotel z.B. in Madaba zu nehmen. Ist man mobil, kann man von dort in ca. 40 Minuten am Toten Meer sein. Da uns nun nur noch zwei Tag bleiben, haben wir uns für ein teures Hotel entschieden. Wir lassen unsere Sachen fallen und gehen direkt runter zum Wasser. In Holzkisten entdecken wir grauschwarze Matschepampe. Ein Schild weist uns darauf hin „Free Mug" und andere Gäste machen es uns vor. Also machen wir es nach. Wir schmieren uns von Kopf bis Fuß mit der weichen sandigen Masse ein. Dann laufen wir am Strand entlang, bis die Masse auf unserer Haut getrocknet ist. Und dann der spannende Moment. Wir gleiten langsam und bedächtig ins Wasser. Zum einen kann man gar nicht wirklich schnell. Die salzige Soße stoppt jede Geschwindigkeit. Zum anderen ist das Wasser in der Tat so salzig, dass es schmerzhaft brennt, sobald es in die Augen gerät. Sollte das passieren, muss man das Auge sofort mit klarem Wasser ausspülen. Es ist ein komisches Gefühl. Will man sich dann im Wasser ausstrecken und hineingleiten, wollen Arme und Beine gar nicht unter der Wasseroberfläche bleiben. Brustschwimmen ist fast unmöglich. Am bequemsten ist es, sich in Rückenlage zu bringen, die Beine etwas anwinkeln, um besser die Balance zu halten. Dabei lässt es sich dann gut ein Buch oder eine Zeitung lesen. Langsam bröckelt dann der so gesunde Schlamm des Toten Meeres von der Haut. Nach dem Bad spürt man sofort die guttuende Wirkung des Wassers. Die Haut fühlt sich so weich, wie samt an. Wir nutzen an beiden Tagen jede Gelegenheit ins Tote Meer zu springen. Jedoch nicht ohne die dazugehörende Ganzkörperschlammpackung. Ein Mitarbeiter des Hotels gibt uns einen guten Tipp für einen Ausflug zum Sonnenuntergang, fahrt hinauf zum Panorama Komplex, rät er. Also machen wir uns schick und fahren los. Es geht in südliche Richtung. In Serpentinen windet sich die Straße den Berg hinauf. Karge schroffe Felsen, die Vegetation hat es hier schwer. Knapp unter Meeresspiegel, hohe Temperaturen und kaum Regen. Nach einer knappen halben Stunde haben wir den Dead Sea Panorama Komplex erreicht. Es erinnert irgendwie an eine Mondlandschaft. Zwei einsame Gebäude in einer Steinwüste. Hier oben gibt es mehrere Aussichtspunkte, von denen man phantastische Ausblicke über das gesamte Umland genießen kann. An Tagen mit guter Sicht erscheinen die Berge Judäas zum Greifen nah. In einem der Gebäude befindet sich ein Archäologisches Museum. In dem anderen ein Restaurant. Das ist ein ganz besonderer Platz. Gäbe es eine Rangliste für die schönsten Plätze auf dieser Welt. Dieser Platz hätte wirklich gute Chancen unter die ersten Zehn zu gelangen. Wo hat man Ausblick über einen großen Teil des Toten Meeres, wo kann man einen atemberaubenden Sonnenuntergang hinter dem Jordan Tal erleben, wo sieht man die Lichter von Jerusalem und Bethlehem und wo erstrahlt zu all dem noch der Stern von Bethlehem am nächtlichen Himmel. In erste Reihe genießen wir diesen phantastischen Platz an beiden Abenden, denn auch das Restaurant punktet mit sehr gutem Essen und charmantem Personal.

Für unseren letzten Urlaubstag haben wir den Besuch eines geschichtsträchtigen Ortes geplant. Nach einem morgendlichen „sich treiben lassen" im Toten Meer, fahren wir nach Bethanien Al Maghtas im Jordan Tal, direkt an der Grenze zu Israel. An dieser Stelle standen schon im 6. Jh. Häuser und Kirchen, die Pilgern, welche aus Jerusalem auf dem Weg zum Berg Nebo waren, als Raststätte dienten. In der Bibel steht: „ Zu dieser Zeit kam Jesus von Galiläa an den Jordan zu Johannes, um sich von ihm taufen zu lassen." (Matthäus 3,13); "Dies geschah in Bethanien, auf der anderen Seite des Jordan, wo Johannes taufte." (Johannes 1,28). Dieser Ort wurde erst vor wenigen Jahrzehnten, als Bethanien identifiziert. Um 1900 entdeckte man hier erste Ruinen, jedoch konnten Funde die Theorie erst 1994, nach dem Friedensabschluss zwischen Israel und Jordanien, beweisen. So fand man Höhlen, etliche Brunnen und Taufbecken aus dem 3. bis 10. Jahrhundert. Nur eine knappe Stunde brauchen wir mit dem Auto bis zum Parkplatz der Sehenswürdigkeit. In der größten Mittagshitze starten wir die Besichtigung des Heiligen Landes. Da wir uns im Grenzgebiet befinden, ist es nicht erlaubt alleine loszuziehen. Also formen wir uns zu einer Schafsherde und der Hirte treibt uns an. Zuvor bringt uns ein Shuttle Bus zum eigentlichen Startpunkt. An einer modernen Taufstätte starten wir und laufen weiter zur Quelle, an der Jesus Christus von Johannes getauft worden sein soll. Unser Hirte treibt uns ganz schön an. Es ist schade, denn so einen geschichtsträchtigen Ort möchte man gerne in aller Ruhe besuchen. Wir laufen entlang dem schmalen Flüsschen Jordan, der braungrünlich in der Sonne schimmert. Die Herde stoppt am viergeteilten Taufbecken von Johannes dem Täufer. Es geht weiter an den Ausgrabungen von drei Kirchen aus dem 5. und 6. Jahrhundert vorbei. Wir sind bemüht all dem zu

folgen, doch ist der Audio Guide einfach zu langsam und wir können der Herde nur schwer folgen. Der Hirte versucht es mit Zurufen. Erst als wir direkt an der israelischen Grenze wieder auf den Jordan treffen, finden wir Anschluss an unsere Herde. Dort haben wir nun etwas Zeit für uns und beobachten eine Taufzeremonie. Zwei Priester führen die Taufe durch. Die Menschen drängen sich dicht um das Taufbecken und die Hauptdarsteller. Festlich gekleidete Kinder versuchen Blicke zu erhaschen. Die Babys schreien, als ihnen das kühle Nass über die kleinen Köpfe geträufelt wird. Es muss schon etwas besonderes sein, an so einem bedeutenden Ort getauft zu werden. Die festlich gestimmte Gesellschaft genießt diesen Moment, da stört der bewaffnete Grenzposten nicht. Auch er beobachtet die Taufe und vergisst in diesem Moment sicher, dass er eine Waffe über der Schulter trägt. Auf israelischer Seite befindet sich ebenfalls ein Taufzentrum. Das ist ein bewegender Moment hier am Jordan. Auf dem Rückweg besichtigen wir die kleine, aber wunderschöne griechisch-orthodoxe Kirche. Sie ist mit Wandmalereien in phantastischen Farben geschmückt. Es erscheint einem direkt ein wenig himmlisch. Ein Mosaik, gleich am Eingang, zeigt zwei weiße Tauben. Wir würden sagen, zwei Friedenstauben, wenn sie den langersehnten Frieden doch endlich bringen würden. Läge es doch nur an den Tauben, dann wäre dieses Land schon lange frei von Streitereien und Krieg.
Nach vielleicht anderthalb Stunden bringt uns ein Shuttle-Bus zurück zum Parkplatz. Im Schatten einiger Bäume pausieren wir. Es ist bewegend einen religiös so bedeutenden Ort zu besuchen. Und wir hängen unseren Gedanken noch etwas nach. Ja, zum nächsten Weihnachtsfest werden wir gedanklich wieder hier sein und der Stern von Bethlehem wird uns nah sein, so nah wie noch nie zuvor.
Am Nachmittag lassen wir uns noch einmal von der heilenden Wirkung des Toten Meers verwöhnen und den letzten Abend in Jordanien verbringen wir wieder am Panorama Komplex. Würdigender kann ein Abschluss nicht sein.
Bei einem gutem Essen und unter dem erwachenden Sternenhimmel lassen wir diese ganze wunderbare Reise

Revue passieren. Amman, Madaba, Kerak, Petra, Wadi Rum, Rotes Meer und Totes Meer. All das haben wir in zwei Wochen besucht und wurden überrascht von einem faszinierenden Land mit seinen freundlichen und aufgeschlossenen Menschen.

Vor und auch nach der Reise wurden wir oft gefragt, ob wir uns denn überhaupt sicher gefühlt hätten. Ja, wir haben uns absolut sicher gefühlt und können es nur jedem Reiselustigen empfehlen, dieses faszinierende Land zu bereisen.
Wir fahren auf alle Fälle wieder nach Jordanien.

Blick auf Amman

Petra

Wadi Rum

Blick auf das Tote Meer

Blick auf das Tote Meer, Israel im Hintergrund

Canyon-Landschaft

KAPITEL 2 – OMAN IM NOVEMBER 2013

Ein Gesang holt mich aus meinem tiefen Schlaf. So ein Mist, denke ich, ich hab die Ohropax vergessen. Doch der Muezzin singt wirklich schön und ich werde gar nicht erst richtig wach, falle gleich wieder zurück in meine Träume.

Der Oman ist das zweite Land im Vorderen Orient, welches wir bereisen. Jordanien hat Appetit gemacht auf mehr arabische Lebenskultur. Das Reisen in diesen Ländern ist bequem und sicher, die Menschen überall freundlich und respektvoll. Unberührte faszinierende Landschaften, fast 1700 km Küste mit menschenleeren Stränden und einer einzigartigen Flora und Fauna, all das macht uns neugierig.

Doch zuvor ein paar Zahlen und Fakten. Mit 309.000 km² Grundfläche ist der Oman etwas kleiner als Deutschland. Er grenzt an die Vereinigten Emirate, Saudi Arabien und den Jemen. Der Golf von Oman und der Indische Ozean bilden mit 1700 km Küste eine natürliche Grenze. Einzig die Exklave Musandam an der Straße von Hormus ist eine Besonderheit. Sie ist umgeben von den Emiraten, gehört aber zum Oman. Der Oman hat die niedrigste Bevölkerungsdichte der Welt. 2.77 Millionen Menschen leben im Oman, davon 70 % Omanis. 60 % der Menschen leben im Norden in der Hauptstadtregion. Das Sultanat Oman ist ein arabischer und islamischer Staat. Viele Lebensbereiche und Traditionen werden vom Qur'an bestimmt. Die islamische Gesetzgebung, die Shari'a, ist die Grundlage für die Rechtsprechung im Lande. Der Sultan ist einzig und allein berechtigt, Recht und Gesetz zu sprechen. Er hat alle Ministerposten inne und ist zugleich auch noch

Staatsoberhaupt. Das klingt nach einer Diktatur. In der Tat soll das aber ganz anders aussehen. Sultan Qaboos bin Said Al Said ist seit 1970 Staatsoberhaupt des Oman und wird von seinem Volk "Weiser Vater" genannt. Seit seinem Amtsantritt führt er sein Land in eine moderne Zukunft. Es ist beeindruckend, was Sultan Qaboos in den letzten 50 Jahren bewegt hat. Allerdings wird auch ein ziemlicher Personenkult um ihn betrieben. In fast jeder Stadt gibt es eine Sultan Qaboos Moschee, eine Sultan Qaboos Straße und so weiter. Zu seinem Amtsantritt gab es kaum Schulen im Oman, lediglich 3 Qur'an Schulen, die von knapp 900 Jungen besucht wurden. 2011 waren es 1340 staatliche und private Schulen mit rund 590 000 Schülern. Das gesamte staatliche Bildungssystem ist kostenlos. Mittlerweile gibt es Universitäten und Hochschulen im ganzen Land. Und mehr als die Hälfte der Studierenden sind Frauen.

Eine ähnlich rasante Entwicklung hat das Gesundheitswesen genommen. 1970 gab es ein einziges Krankenhaus im Oman mit 23 Betten, das von amerikanischen Missionaren geführt wurde und jede Behandlung war kostenpflichtig. Zu der Zeit gab es im Oman eine sehr hohe Säuglingssterblichkeit, Tuberkulose und Malaria waren an der Tagesordnung. Heute sind alle staatlichen Leistungen sowie Operationen und Medikamente für alle Bürger kostenfrei. 2011 gab es 50 moderne staatliche Krankenhäuser und über 100 ambulante Kliniken. Dazu kommen ca. 10 Privatkrankenhäuser und über 500 private Kliniken.

Von veralteten und unnützen Gesetzen hat sich der Sultan schnell verabschiedet. Jedes Jahr macht er eine vierwöchige Reise durch sein Land. So hat theoretisch jeder Bewohner die Möglichkeit, mit ihm zu sprechen, ihm Ideen zu unterbreiten oder auch Kritik zu äußern. Es gibt heute ein Parlament aus Mitgliedern des Volkes und 2003 nahm das erste Mal eine Frau einen Ministerposten ein.

Auch der arabische Frühling 2011 ging nicht spurlos am Oman vorbei. Doch es blieb fast ausschließlich friedlich und nie wurde der Sultan in Frage gestellt. Schnell reagierte er und tat einiges zur Verbesserung der Lebensverhältnisse, führte zum Beispiel einen Mindestlohn ein. Da sind die Omanis den Deutschen recht ähnlich. Geschwind hatten sich die Wogen geglättet und alle waren wieder zufrieden.

Unser Eindruck ist, dass die Omanis einen recht hohen Lebensstandard haben. Für einen Touristen ist es natürlich schwer, das genau zu analysieren. Viele große und teure Autos werden gefahren. Die Häuser in Muskat und in anderen größeren Städten sehen wohlhabend aus. Das Straßensystem ist gut ausgebaut, auch die öffentlichen Busse machen einen guten Eindruck. Es gibt Schulen und Universitäten für alle.

Viele Menschen aus den Nachbarstaaten leben im Oman. Inder, Libanesen, Perser, auch sie leben hier sicher kein schlechtes Leben. Sie sind ganz wichtig für die omanische Wirtschaft, nicht nur in den Servicebereichen, auch als Ingenieure und Ärzte sind sie tätig.

Auf alle Fälle sind die Omanis freundliche und selbstbewusste Menschen. Sie stehen dem Tourismus offen gegenüber und freuen sich über die Gäste aus aller Welt. Überall sind uns die Menschen mit sehr viel Herzlichkeit, Freundlichkeit und Hilfsbereitschaft entgegengetreten.

Mit den Reiseberichten von Sir Wilfried Thesiger im Gepäck machen wir uns auf unsere Reise in den Oman. Schon damals, zum Ende seiner Reisen in den Vorderen Orient wusste er, dass die Zeit der echten Abenteuer, der Entdeckungsreisen bald Vergangenheit sind. Es waren Reisen voller Strapazen, aber sie waren auch einmalig. Denn nur wenn man die Zeit hat, sich auf ein Land richtig einzulassen, wird man es ergründen und verstehen. Damals waren es Zeitreisen, weil viele Dinge nun einmal gar nicht schneller gingen und man gezwungen war, sich die Zeit zu nehmen. Auch heute sind es Zeitreisen, aber in anderem Sinn. Zeit haben wir heute kaum noch, es sei denn, man ist schon berentet. Obwohl, auch die Rentner haben nie Zeit? Außerdem ist die Technik heute so raffiniert, dass wir Zeiträume raffen können, durch schnelle Autos und Flugzeuge. Aber das sind genau die Momente, die man zur Vorbereitung einer Reise benötigt. Deswegen habe ich immer ein Buch im Gepäck, das mir das Land und die

Leute näher bringt und mich gleichfalls mit auf eine Reise nimmt.

Wir beginnen unsere Reise im Süden in Salalah und werden dann in den Norden des Landes reisen. Türkisch Airlines bringt uns mit einem Stop in Istanbul nach Muskat, von da geht es weiter nach Salalah, ins Weihrauchland. Der Süden des Landes empfängt uns mit strahlend blauem Himmel und Temperaturen um die 30 Grad. Vom Flughafen nehmen wir uns ein Taxi zu unserer bereits gebuchten Unterkunft, den Arabien Sea Villas. Die Fahrt führt durch die Stadt, alles wirkt sauber und ordentlich, Märkte entdecken wir und Palmenhaine, die sich entlang der Küste hinziehen und endet direkt am weißen Sandstrand. Wow, denken wir, nicht schlecht. In der Tat gibt es hier keine Straße. Die Sea Villas und zwei, drei weitere Herbergen liegen direkt am breiten Strand des alten Stadtteils South Daharis. Unsere Herberge ist kein großartiges Hotel. Aber die Zimmer sind geräumig und sauber und wir haben ein Zimmer mit Terrasse gebucht. Freier Blick auf den sagenhaften langen Strand. Ein guter Ort um sich an das deutlich wärmere Klima zu gewöhnen.
Salalah ist die Hauptstadt des sagenumwobenen Dhofar und liegt rund 1000 km entfernt von Muskat. Von jeher ist der Süden das Land des Weihrauchs, des Baumes, der die Tränen der Götter hervorbringt. So richtig weiß wohl keiner, wann der Siegeszug des Weihrauchbaumes seinen Anfang nahm. Der griechische Geschichtsschreiber Herodot berichtet schon 450 v. Chr. von den wertvollen Harzbäumen, die von geflügelten Schlangen mit giftigem Atem bewacht werden. Das Harz wurde damals mit Gold aufgewogen. Im Grab des ägyptischen Königs Tutenchamun fand man Weihrauchstücke und eines der Geschenke der drei Könige aus dem Abendland für das neugeborene Christuskind war Weihrauch. Der erste Handel könnte auf das 10. Jh. vor Chr. zurückgehen. Das beschreibt der römische Historiker Plinius. Er berichtete von der Reise der Königin von Saba, Herrscherin des sabäischen Reiches. Mit einer Kamelkarawane sei sie in 65 Tagen aus dem heutigen Jemen bis nach Palästina gereist. Aus der Bibel lässt

sich deuten, dass sie dort König Salomo besucht hat, um den Ausbau der Handelsbeziehungen zu besprechen. Als Geschenk brachte sie ihm neben Gold und Edelsteinen auch Weihrauch mit. Seine Blütezeit erlebte der Weihrauchhandel zwischen dem 5. Jh. v. Chr. und dem 1. Jh. n. Chr., also lange bevor die Christen begannen, das Harz zu nutzen. Auf unserer Jordanien-Reise haben wir die legendäre Weihrauchstraße bereits gekreuzt, die im Dohfar also ihren Anfang nimmt, über den Jemen und Saudi Arabien weiter durch Jordanien bis nach Palästina führt und in Gaza endet.

Es liegt nahe, dass wir in Salalah zuerst dem Weihrauch-Museum einen Besuch abstatten. Überall im Oman findet man sehr gut gestaltete, informative und wirklich schöne Museen. Fast alle sind kostenlos bzw. kosten nur ein paar Cent. Das Museum befindet sich auf dem Gelände des Archäologischen Parks. Der Weihrauchhafen und die Reste der Siedlung Al-Baleed sind der älteste Teil Salalahs und gehören zum UNESCO Weltkulturerbe. Die Anlage ist sehr schön gestaltet. Am Anfang überquert man eine Lagune. Mit etwas Glück stolzieren Flamingos durch das Wasser. Wir geben uns mit einem großen weißen Fischreiher und ein paar Wildgänsen zufrieden. Die ganze Anlage ist sehr weitläufig. Immer mit Blick auf das Meer erlaufen wir uns die Wege und kommen dabei mächtig ins schwitzen. Im klimatisierten Museum kühlen wir uns lernend ab. Auch das angegliederte Schifffahrtsmuseum ist sehr interessant. Beide Museen führen den Besucher sehr anschaulich durch die Geschichte. Weihrauchhandel und Seefahrt waren eng miteinander verbunden.

Nach einem erfrischenden Bad im Meer und einer kleinen Mittagspause machen wir uns nochmals auf den Weg. Wir haben uns ein Auto gemietet. Das bietet sich in Salalah an, denn öffentliche Verkehrsmittel gibt es kaum und die Entfernungen sind groß, gerade bei den Temperaturen. Es kostet nicht viel. Für das Auto zahlen wir am Tag keine 20 €, inklusive der Versicherungen und Benzin gibt es hier fast umsonst (-,25 Cent der Liter).

Wir starten von unserem Strand, fahren entlang der Tropischen Gärten auf der Sultan Qaboos Street in Richtung Stadtzentrum. Das lassen wir aber erst einmal rechterhand liegen. Wir wollen ein Gefühl für die Größe der Stadt bekommen und fahren immer geradeaus fast bis zum Hafen und einigen Industrieanlagen. Fährt man diese Straße weiter, erreicht man nach ca. 150 km die Grenze zum Jemen. Wie schade, dass wir nicht auch in den Jemen reisen können. Hoffentlich wird es irgendwann in naher Zukunft wieder möglich sein. Kurz vor dem Hafen drehen wir an einem Kreisverkehr um und fahren zurück in die Stadt. Wir parken das Auto direkt gegenüber der großen sehenswerten Sultan Qaboos Moschee und umrunden sie einmal. Den Besuch heben wir uns für später auf. Nicht alle Moscheen im Oman sind Nichtmuslimen zugänglich. Diese Moschee erlaubt den Besuch, allerdings nur in den Morgenstunden von Samstag bis Mittwoch. Jetzt wird es Zeit, sich einen Supermarkt zu suchen, denn wir haben beschlossen auf unserer wunderbaren Terrasse zu dinieren. Ein Geschäft ist schnell gefunden. Die Attraktion in diesem Supermarkt sind wir und von allen Seiten wird uns Hilfe zuteil. So macht Einkaufen Spaß. Wir kaufen Tomaten, Zwiebeln und Schafskäse. Brot gibt es hier nicht, also machen wir uns auf die Suche nach einer Bäckerei. In der Straße gibt es alle möglichen Geschäfte, aber keinen Bäcker. Schon fast zurück im alten Salalah, im Stadtteil Al-Hafah, entdecken wir neben einer kleinen Moschee eine schäbige Haustür. Über der Haustür ein noch schäbigeres Schild, mit der Aufschrift „Bakery". Es sieht irgendwie nicht danach aus, aber wir fragen die vor der Tür sitzenden Männer. Nein, sagen sie, das ist kein Bäcker mehr. Hundert Meter weiter Richtung Strand, da finden wir die Beach Bakery. Wir laufen das kleine Stück und werden mit einer wunderbar alten sehenswerten Bäckerei belohnt. Doch wo finden wir nur die leckeren Fladenbrote, die es hier zu jeder Mahlzeit gibt. Ein älterer Herr kommt nach uns in den Laden, geht durch den Verkaufsraum direkt in die Backstube und kommt mit einer Tüte warmer Fladen zurück. Oh, sagen wir, die wollen wir auch. Der Bäcker weist uns den Weg in die Stube und wir schauen fasziniert zu, wie die leckeren kleinen Fladen in einen offenen Ofen geschoben werden. Innerhalb kürzester Zeit blähen sich die runden platten Teigstücke zu dicken Brötchen auf. Nach einem kurzen Moment holt der Bäcker die dicken Dinger aus dem Ofen und schon sind sie wieder platt. Im Nebenraum stehen für uns mittelalterlich wirkende Geräte. Eines davon sieht wie eine alte Wäschewalze aus, nur etwas kleiner. Hier wird der Teig plattgewalzt. Früher war es die Aufgabe der Hausfrau das Brot für die Familie zu backen. Alles wurde von Hand gefertigt. Die vorbereiteten kleinen Teigstücke wurden mit den Fingerspitzen in geschickten Bewegungen auseinandergezogen, bis sie die Größe eines Fladens erreicht hatten. Wir genießen den Anblick und den Duft dieser wunderbar alten Backstube. Glücklich nehmen wir unser Abend"brot" und fahren die lange Strandstraße entlang. Hier treffen sich abends die Männer. Auf Plastikstühlen sitzen sie am Straßenrand, schauen aufs Meer und rauchen genüsslich eine Wasserpfeife. Während dieser Zeit lassen sie ihre Autos waschen. Am Strand spielen Jungs Fußball. Nun bevölkern sogar Frauen und junge Paare die Promenade. Am Tag sieht man recht wenig Frauen auf den Straßen, das fällt auf. Die Sonne verschwindet langsam hinter dem Hafen, den man in weiter Entfernung sehen kann. Wir fahren zurück zu unserem Hotel und wie es sich für die Frau gehört, bereite ich das Abendessen vor. Tomaten, Zwiebeln, Schafskäse, Oliven und unser warmes Fladenbrot. In aller Gemütlichkeit lassen wir uns das Essen schmecken, mit der Brandung im Ohr und über uns ein sternenklarer Himmel.

Zwei Tage haben wir für die Erkundung der Umgebung Salalah's eingeplant. Es bietet sich ein Abstecher in eine der größten Wüsten der Welt, der Rub Al Kahli, auch das „Leere Viertel" genannt, an. Das hätte uns sehr gereizt. Doch für diese Tour sollte man 3 bis 4 Tage einplanen. Ansonsten kann man nicht sehr viel von der Wüste sehen. So ein Ausflug ist nicht billig. Da wir im Norden des Landes einen Ausflug in die Wüste planen, lassen wir uns die Rub al Khali für unsere nächste Oman-Reise als Highlight.

Unser erster Tagesausflug führt uns in östliche Richtung, nach Mirbat. Auf dem Weg dorthin bieten sich mehrere sehr schöne Abstecher an. Wir fahren vorbei an den großen Grasfeldern der Dhofar Cattle Feed Co., die das Gras als Futter für die Kühe der Kooperation nutzt. Sie ist der größte Milchbetrieb im Dhofar. Kühe werden nur hier im Süden gehalten. Bananenfelder und Kokosplantagen lassen wir hinter uns. Das Land verändert sich nun in eine steppenartige Steinwüste mit kleinerem Gestrüpp und grünen Grasbüscheln. Wir fahren von der Hauptstraße ab und wollen der Quelle Ain Razat einen Besuch abstatten. Aber irgendwie verpassen wir die richtige Abfahrt. Das stört uns nicht sehr, denn die Ausblicke auf die Ebene sind atemberaubend. Langsam kämpft sich unser kleines Auto die steile Straße hinauf, doch immer wieder stoppen wir, um die Aussicht zu genießen. Noch ist die Regenzeit nicht allzu lange her, so bietet sich uns der Blick auf grüne Hänge. Oben angekommen erstreckt sich eine hügelige Ebene und wir trauen unseren Augen kaum, große Kuhherden grasen auf dem Weideland. Immerhin können wir in einiger Entfernung auch ein Kamel erkennen. Ziegen laufen über die Straße, angetrieben von einer Frau, die mit ihrem rotbunten Tuch Farbe in die Landschaft bringt. Wir fahren die gleiche Strecke zurück und folgen der Hauptstraße bis nach Taqah. Dieser kleine Fischerort zieht sich an einem weißen Traumstrand entlang. Die Fischer sind vom Fang lange zurück und ihre Boote trocknen in der Sonne. Im unteren Ortsteil befindet sich eine kleine Burg. Wir erklimmen die Treppen und finden tatsächlich Einlass. Die Tür scheint verriegelt. Doch als wir klopfen, öffnet uns ein junger Mann und lässt uns herein. Vom höchsten Turm der kleinen Festung haben wir einen tollen Blick über den ganzen Ort. Als wir zu unserem Auto zurückkehren, entdecken wir einen Esel, der hinter einer Hauswand hervorschaut. Ziemlich neugierig der kleine Kerl.

Wir lassen den Ort hinter uns und fahren über eine Brücke, dabei fällt der Blick auf eine grüne Oase. Spontan verlassen wir die Straße und folgen einer Schotterpiste bis es nicht weiter geht. Zu Fuß erkunden wir das wunderschöne Grün.

Fischreiher schauen sich bedächtig um. Über uns zieht ein Raubvogel seine Runden. Unter einem Busch finden wir einen großen Raubvogel. Er ist tot, liegt starr am Boden. Sein Gefieder ist noch makellos, doch der Schein trügt. Schade um den schönen Vogel, aber irgendwann kommt für jeden die Zeit. Wir laufen zurück zum Auto und fahren die Hauptstraße noch ein kleines Stück weiter.

Kurz vor Khor Rouri führt abermals eine Straße in die Berge, die nach ca. 30 km wieder auf die Hauptstraße trifft, ihrem Verlauf folgen wir. Am Berg finden wir einen Coffee Shop. Ja, Zeit für einen Kaffee. Zwei Einheimische sitzen davor. Schnell kommen wir ins Gespräch und sie laden uns auf einen Kaffee ein. Sie sind hier bei der Armee stationiert und verbringen gerade ihre freie Zeit. Nach einer Weile kommt ein alter Mann, der nur mit einem Leinentuch bekleidet ist. Die beiden kennen ihn schon und winken ihn zu uns herüber. Er ist ein alteingesessener Bergbewohner, hat sein Leben hier in den Bergen verbracht und seine Ziegen gehütet. Sie erzählen uns, dass er um die 90 Jahre alt ist. So ganz genau weiß das keiner. Man kann es kaum glauben, denn seine Haare sind noch immer tief schwarz, doch seine Haut ist von der Sonne gegerbt und dunkelbraun. Wir bedanken uns für die freundliche Unterhaltung und den Kaffee und fahren weiter. Auch auf diesem Abstecher machen wir einige Stopps. Die Landschaft ist traumhaft, immer mit dem Blick auf das wunderbar blaue Meer. In weiter Ferne können wir Mirbat erkennen. Vor dem Ort zieht sich ein kilometerlanger Strand mit großen Sanddünen hin. Was für eine grandiose Landschaft. Linkerhand die Gebirgsketten des Jebel Qara, vor uns hohe Sanddünen mit einem Traumstrand, an den die gewaltigen Wellen des türkisblauen Meeres rauschen. Wir fahren durch die Ebene und erreichen das kleine Fort von Mirbat.

Mirbat ist ein verträumter Ort, wie aus einer anderen Zeit. Er liegt auf einer Halbinsel, wodurch der Hafen von den heftigen Monsunstürmen geschützt ist. Das kleine Fort haben wir schnell eingenommen. Es ist, wie auch das Fort in Taqah, Arbeits- und Wohnort des Wali ("Bürgermeister") gewesen. So ist das Fort in einen privaten und einen öffentlichen Bereich unterteilt. Angeblich soll hier die weltweit letzte Schlacht stattgefunden haben, wo ein Ort von einem Fort aus verteidigt wurde. Und zwar im Jahr 1972, als eine Rebelleneinheit den Hafen von Mirbat angriff. Vor dem Fort befindet sich eine Terrasse mit Meerblick. Man kann sich an diesen Farben gar nicht satt sehen. Nur ein paar Schritte von uns entfernt, liegen drei Holz-Dhaus schräg im Sand. Es ist Ebbe und die Boote haben kein Wasser unterm Kiel. Fischer wuseln um die Kähne herum, bringen Ladung an Land und einer der Männer reinigt sein Boot von außen. Hinter den Dhaus erkennen wir den kleinen Ort Mirbat. Wir fahren ins Zentrum. Der Ort wirkt irgendwie surreal. Zwischen verfallenen alten Lehmhäusern wurden neue Häuser gebaut. Details, wie geschnitzte Holztüren oder Fenster lassen erahnen, dass der Ort einmal sehr schön gewesen sein muss. Beeindruckt ziehen wir eine Weile durch die Gassen, halten Ausschau nach dem alten Glanz, doch Verfall und herumfliegender Müll frustrieren uns. Wir machen uns auf den Rückweg.

Am Ortsausgang statten wir dem Grab des Heiligen Bin Ali einen Besuch ab. Das weiße Mausoleum mit seiner zwiebelförmigen Kuppel ist sehr schön anzusehen. Der Zutritt ist nur Muslimen gestattet. Begraben ist hier Shaikh Muhammad bin Ali al-Alawi. Im 12. Jh. wanderte er aus dem jemenitischen Hadramaut nach Mirbat aus, wo er 1161 verstarb. Eine Grabinschrift zeigt seinen Stammbaum, der bis auf den Schwager des Propheten Mohammad zurückreicht.

Auf dem Rückweg besuchen wir die Ruinen von Khor Rouri und Samhuram, seit 2000 Teil des UNESCO Weltkulturerbes. Gegründet wurde Samhuram von Lliaz Yalt I, König von Hadramaut, des östlichsten der großen altarabischen Reiche mit der Hauptstadt Shabwa im Inneren des heutigen Jemen. Entstanden als Handelskolonie mit Hafen, um den Weihrauchhandel im Dhofar besser kontrollieren zu können. Ein kleines Museum am Eingang ist sehr informativ. Auf angelegten Wegen werden wir durch die Anlage geführt. Wunderschön gelegen an einer Lagune. Heute wird der Hafen durch eine Sandbank versperrt, die früher immer wieder in mühevoller Arbeit freigeschaufelt werden musste. Die Lagune ist der Lebensraum vieler Vögel. Auf der Suche nach Flamingos folgen wir der Lagune ein Stück ins Landesinnere und stellen fest, dass es sich um unsere Lagune vom Vormittag handelt. Verschiede Arten von Fischreihern und andere Vögel erkennen wir, doch keine Flamingos. Wo die nur stecken. Mossalah, unser Hotelbesitzer, sagte uns am Morgen, dass wir heute ganz sicher Flamingos sehen. Keine da, dafür sehen wir weit über uns am Himmel zwei Falken ihre Runden ziehen. Wir machen uns auf den Heimweg. Dieses Mal fahren wir am Ortseingang gleich hinter der Lagune Al-Dahariz in Richtung Meer ab. Und siehe da, wer macht es sich im flachen Wasser gemütlich, unsere Flamingos. Nun haben wir sie doch noch gefunden.

Am Abend fahren wir zur Sultan Qaboos Moschee. Sie ist sehr schön beleuchtet. Da lohnt es sich doch einmal das Stativ auszupacken. Die Bilder sind im Kasten und der Hunger treibt uns nur ein kleines Stück weiter. Denn da befinden sich mehrere Restaurants. In einem Libanesischen Restaurant nehmen wir Platz. Wir lieben Mezze, das sind verschiedene kalte und warme Vorspeisen. Außerdem wollen wir in Erfahrung bringen, wo es den besten Humus im Land gibt. Humus sind pürierte Kichererbsen mit Sesampaste, Knoblauch und Zitrone. Neben Humus gibt es noch einen frischen Salat aus Tomaten, Gurken, Möhren und Zwiebeln und Mutabbal. Das sind gebratene und pürierte Auberginen mit Knoblauch und Zitrone.

Den nächsten Tag beginnen wir fast dort, wo wie am Vortag endete. Wir machen uns für den Besuch der Moschee schick. Lange Hose, lange Bluse und ich verhülle mein Haupt mit einem weißen Tuch. Eine gute Stunde verbringen wir in der Moschee, verweilen im großen Gebetsraum, durchlaufen die Bogengänge und bewundern die aufwendig geschnitzten Holztüren. Auch genießen wir die Stille an diesem Ort. Wir sind ganz alleine. Wo kann man schon in solcher Ruhe eine Sehenswürdigkeit bestaunen?

Schließlich lassen wir die Moschee hinter uns und fahren dieses Mal nördlich in Richtung Jebel Qara in die Berge. Wir haben Salalah noch gar nicht ganz verlassen, da stehen schon die ersten Kamele am Straßenrand. So viele Kamele haben wir noch nie gesehen, gemeinsam ziehen sie über einen Berghang. Für uns ist das schön anzusehen, doch für die Gegend ist es zur Plage geworden. Es gibt hier einfach zu viele Kamele, deshalb greift die Regierung ein, subventioniert z.B. Kamelfleisch. Uns egal, wir schauen den sogenannten Wüstenschiffen gerne zu, so elegant und in aller Ruhe, wie sie sich bewegen.

In diesem, momentan noch grün schimmernden Bergland, leben die Jebalis, die Ureinwohner des Dhofar. Sie sind Nomaden der Berge, wie auch der ältere Herr, den wir am Vortag getroffen haben. Sie lassen ihre Rinder auf den Hochplateaus weiden, den Ziegen und Kamelen reichen die kargeren Berghänge. Früher lebten sie während der Monsun- und Winterzeit in festen Rundkuppelhäusern und während des heißen Sommers zogen sie mit ihrem Vieh und Zelten den Futtergründen hinterher. Heute sind die meisten Jebalis sesshaft geworden. Sie sprechen ihre eigene Sprache. Omani's im Norden des Landes erzählten uns, dass sie ihre Landsleute im Süden nicht verstehen können. Naja, so geht es uns mit den Schwaben oder Bayern auch manchmal. Auch auf dieser Strecke finden sich immer wieder phantastische Ausblicke über Hochplateaus und Schluchten mit ihren grünen Wadis. Man muss gut achtgeben, denn hier gehört die Straße den Ziegen und Kamelen.

Nun wird es Zeit für einen geschichtlichen Exkurs. Wir besuchen das Mausoleum des Propheten Nabi Ayoub. Die Christen kennen ihn unter dem Namen Hiob. Das Mausoleum kann auch von Nichtmuslimen besucht werden. Es gibt einen kleinen Gebetsraum, der mit Gebetsteppichen ausgelegt ist, zum Himmel hin ist er offen. Im Inneren ist der Fußabdruck des Propheten in Stein gegossen. Er hatte ziemlich große Füße! Das Mausoleum ist umgeben von wunderschön blühenden Büschen und Bäumen. Vögel zwitschern in dieser grünen Oase, auch eine kleine Moschee bietet den Muslimen Gelegenheit zur inneren Einkehr.

Wir fahren weiter, die Landschaft ändert sich. Bäume und Büsche verschwinden gänzlich. Wir befinden uns auf Höhe

der Wasserscheide. Auf dieser Höhe wird das Land nicht mehr von den Monsunregen erreicht. Wir fahren durch eine unwirtliche Landschaft, eine richtige Mondlandschaft. Ein paar wenige genügsame Graspflanzen kriechen flach über den steinigen Boden. Der Blick reicht weit ins Land. Wir sind fasziniert von dieser Gegend. Eine Gruppe von Kamelen gleitet elegant die Straße entlang. Drei hübsche Esel kommen angelaufen, kriegen es bei unserem Anblick dann doch mit der Angst zu tun und zeigen uns ihre Sporen. In dieser Gegend sind die Wadis zu finden, in denen der Weihrauchbaum seine idealen Lebensbedingungen findet. Wir fahren in eines der Wadis, doch schnell zeigt sich, dass uns hier nur ein 4WD ans Ziel bringen kann. Wir lassen das Auto nach 500 m stehen und laufen zu Fuß weiter. Doch bis hinunter ins Wadi, wo wir die kostbaren Weihrauchbäume finden sollen, ist es noch ein weiter Weg und die Sonne steht im Zenit. Nach einer kurzen Wanderung kehren wir zu unserem Auto zurück. Wir müssen damit leben, nur die kleinen Weihrauchbäume gesehen zu haben. Es gibt Schlimmeres. Wir fahren zurück zur Straße, noch eine Weile durch die Mondlandschaft, dann wird es wieder hügelig und mit Busch und Baum grün gesprenkelt. Mit mehreren Fotostopps geht es zurück nach Salalah.
Die heiße Mittagszeit verbringen wir auf unserer Terrasse mit mehreren Meergängen. Beim Träumen auf der Terrasse sehen wir auf dem Meer eine große Delphinschule entlang ziehen. Wow, ist das schön!
Erst am späten Nachmittag machen wir uns noch einmal auf den Weg. Zuerst fahren wir zu unserem Bäcker und kaufen frische Fladen für das Abendessen. Al-Hafah liegt direkt am Meer und man findet hier noch einige alte Häuser mit sehr schönen handgefertigten Holztüren und Fenstern. Leider nagt auch hier der Zahn der Zeit mächtig am alten Holz und Gestein. Es geht weiter zum Weihrauch Souq. Natürlich wollen wir etwas von dem edlen Harz mit nach Hause nehmen. Der Souq liegt an der Sultan Qaboos Street, kurz vor dem Sultans Palast. Man läuft einfach durch eine der schmalen Gassen und schon ist man mittendrin im Gewusel des Marktes. Ein angenehmer kleiner Souq. Wir werden

angesprochen, doch nicht bedrängt. Es macht Spaß und wir verbringen hier einige Zeit, erzählen oder witzeln mit den Verkäufern. Mit einem Weihrauchbrenner und einem Säckchen Harz machen wir uns auf den Heimweg.

Bevor wir morgen mit dem Bus in Richtung Norden fahren, wollen wir noch einmal das Meer und die Sterne über uns im alten Salalah genießen, nicht ohne den Duft von Weihrauch. Jeden Abend zieht sich der angenehme Duft durch unser Guesthouse und verliert sich auf unserer Terrasse in der Nacht.

Um einen Eindruck vom Land und seinen Ausmaßen zu bekommen, reisen wir mit dem Bus nach Muskat. Man muss nicht selbst fahren, kann einfach die Landschaft an sich vorbei ziehen lassen, hat Zeit zum Lesen und zur Augenpflege. Der Oman hat ein gutes Busnetz, die Busse sind komfortabel und das Straßennetz ist auf den Hauptstrecken sowieso gut. So verbringen wir einen ganzen Tag. Die Fahrt von Salalah nach Muskat dauert inklusive mehrerer Pausen 13 Stunden. Die Strecke ist zwar eintönig, aber nicht langweilig. Einige Orte liegen an der Straße, Ölraffinerien sieht man und auch einige Sanddünen am Rande der Rub al Khali deuten auf das hin, was dahinter noch kommt. Da der Bus nicht voll ist, haben wir sogar den Luxus eines Doppelsitzes. Besser geht es nicht. Unsere beiden Busfahrer machen einen guten Job und sind wohl die größten Quasselstrippen im vorderen Orient. Die beiden sind fast 10 Stunden am Schwätzen und wir fragen uns, worüber sich zwei Männer so lange unterhalten können. Die meiste Zeit vergeuden wir im Großraum Muskat. Hier wird zum einen viel gebaut und zum anderen kommen wir in den Feierabendverkehr. Immerhin fahren wir an der wunderschönen großen Sultan Qaboos Moschee vorbei, erhaschen einen ersten Blick auf das beeindruckende Opernhaus, das spontan an die Pyramiden Ägyptens im modernen Stil denken lässt. Unser Bus hält im Stadtteil Ruwi. Und wir haben, wie von Geisterhand gelenkt, ein Hotel in diesem Stadtteil gebucht. Das ist Luxus. Wir danken unseren Busfahrern für den guten Transport, schnappen unsere Rucksäcke, überqueren zwei Straßen und befinden uns in der

Lobby des Ruwi Hotels. Das ist eine gute Adresse für Muskat und obwohl es nur drei Sterne hat, macht es viel her mit seinem Pool und dem kleinen Restaurant. Wir beziehen unser Zimmer und gehen noch einmal runter an den Pool. Was sehen wir da für eine Werbung, zwei Bier kaufen, drei bekommen. Das ist doch mal ein Wort im fast alkoholfreien Oman. In einigen der Hotels ist es kein Problem Wein und auch Bier zu kaufen, wobei die Preise absolut moderat sind. Es gibt auch Hotels, wo es keinen Alkohol zu kaufen gibt, das ist ein bisschen Glückssache.

Für Muskat haben wir zwei bis Tage geplant. Am dritten Tag werden wir unser Mietfahrzeug abholen und den Großraum von Muskat etwas erkunden.

Unser erster Eindruck von Omans am Meer gelegener Metropole ist sehr positiv. Diese Stadt ist sehenswert und so raffiniert, dass sie sich dazu noch zwischen schwarzen hohen Felsen versteckt. Was wiederum den Nachteil hat, dass es im Sommer brütend heiß sein kann. Muskat ist in mehrere Stadtteile aufgeteilt. Das eigentliche Muskat umfasst heute nur noch den Regierungssitz und einige wenige Wohnhäuser. Ruwi ist ein Stadtteil mit geschäftigem Treiben. Inder, Libanesen und Pakistanis prägen das Stadtbild. Das gilt auch für den Stadtteil Wadi Kabir. Hier gibt es mehrere Busbahnhöfe, Restaurants und Geschäfte. Mehrere Wege führen nach Mutrah, wo das eigentliche Herz der Metropole, mit dem Hafen Mina Qaboos, schlägt. Mutrah ist geschichtlich gesehen die Nachbarstadt Muskats. Die Anfahrt richtet sich immer nach dem Verkehrsaufkommen auf den Straßen. In der Innenstadt gibt es momentan mehrere Baustellen, die den Verkehr oft stocken lassen. Außerdem teilt sich Muskat in die südlichen und die westlichen Vororte auf. Man kann gar nicht so genau sagen, wo der Großraum von Muskat beginnt. Zum Teil sind es Wohnstädte, aber auch Industrie, Autohäuser oder Lehranstalten, sowie die Universität, befinden sich in der Außenbezirken. Richtige Hochhäuser, so wie in Dubai z.B. sucht man in Muskat vergeblich. Alle Häuser und Hotels haben eine überschaubare Höhe. Es scheint fast, als sollten die Häuser nicht höher sein, als das höchste Minarett der Stadt.

Da es in Muskat keine Metro gibt und das Netz der Stadtbusse für uns Touristen wenig überschaubar ist, steigen wir in eines der Taxis, die vor dem Hotel warten. Wonach sich der Taxipreis berechnet wird, bleibt für uns wohl immer ein Märchen aus 1001 Nacht. Taxameter gibt es nicht, der Preis muss am besten vor Fahrtantritt verhandelt werden. Wir fahren für 3 Riad~1,50 € nach Mutrah. Durch ein gewaltiges Stadttor schlängelt sich die Straße in die Tiefe, vor uns das blaue Wasser mit zwei schönen Dhaus, im Hintergrund der Hafen. Direkt am Eingang zum Souq entlässt uns der Taxifahrer.

Wir lassen den Souq hinter uns und überqueren die Straße. Das Wasser ist klar und wir sehen viele Krebse und farbenfrohe Fische unter uns im Wasser. Der Hafen ist für jemanden, der aus Hamburg kommt, natürlich nicht wirklich ernst zu nehmen, er wirkt sehr überschaubar. Dafür wacht eine ansehnliche Festung über der Stadt. Wir laufen die Promenade, Corniche genannt, in Richtung Festung. Mal schauen, ob sie einzunehmen ist. Immer wieder gucken wir auf der Suche nach einem versunkenen Schatz ins Wasser. Einen Schatz entdecken wir nicht, aber etwas viel besseres, zwei Schildkröten vergnügen sich im Wasser. Wir beobachten die faszinierenden Tiere eine Weile, dann kehren wir zurück auf die andere Straßenseite. Eine hübsche kleine Moschee zieht uns an. Vielleicht finden wir hier irgendwo den Eingang zur Burg? Fehlanzeige. Wir erklimmen die Anhöhe, auf der das Fort steht, aber auch hier kein Eingang.

Wie wir in den nächsten Tagen feststellen werden, hat fast jede Stadt im Oman ein Fort und mehrere Wachtürme, die sich auf den umliegenden Hügeln befinden. Mit etwas Weitblick erkennen wir dann doch noch eine Hintertreppe zum Fort. Hurra, wir laufen über einen unordentlichen Hinterhof und steigen die Treppen hinauf. Der Ausblick ist sensationell, doch das dicke Holztor zum Fort ist verschlossen. Man muss ja nicht hinter jede Tür schauen, wenn der Blick nach draußen viel schöner ist. Wir sehen auf die ganze Bucht, zwei Moscheen inmitten all der Häuser, unter den Dächern lässt sich auch der Souq erahnen, all das eingerahmt von Bergen.

Über schmale Gassen schlängeln wir uns nun von hinten in den Souq. Mittlerweile ist es Mittagzeit und die Geschäfte schließen. Wir setzen uns auf eine Treppe und trinken einen Schluck Wasser, dabei kann man herrlich Leute beobachten. Alle sind sehr freundlich und grüßen, wir fühlen uns richtig gut hier. Nach Jahren des Verfalls, in denen nichts am historischen Souq geändert werden durfte, wurde er im Jahr 2006 grunderneuert und das ist sehr gut gelungen. Trotz der Modernisierungsarbeiten ist er sehr orientalisch geblieben. Schön sind die Decken mit den dicken Holzbalken und den Rondells, wo die Gänge aufeinandertreffen. Dort sind die Decken mit farbigem Glas gestaltet. Ja, er ist sicher touristischer, als früher und doch ein Markt für die Bevölkerung. Viele Einheimische aus der ganzen Region kommen hierher zum Einkaufen. Der Weihrauch im Markt soll der beste im ganzen Norden sein. Der Souq ist sehr orientalisch und wenn man die Hauptgänge verlässt, findet man sich schnell in einem echten Marktgewusel wieder. Richtig interessant wird es, verlässt man den Markt durch den Hinterausgang. Hier geht das Markttreiben auf dem Platz und in den Straßen weiter. Im übrigen ist es von hier einfacher mit einem Taxi wegzukommen. Das haben wir leider erst am letzten Tag der Reise herausbekommen. Er ist wirklich sehr sehenswert, dieser Souq. Einige wenige Geschäfte haben auch über Mittag geöffnet. Wir genießen die kühle Ruhe im Souq bevor wir wieder auf die Straße treten. Am Taxistand erkundigen wir uns, wie teuer eine Fahrt nach Old-Muskat ist. 5 Rial verlangt der Fahrer und lässt nicht mit sich handeln. Nein, das ist uns zu teuer, da laufen wir lieber.
Und die Wanderung lohnt sich, auch zur heißen Mittagsstunde. Es geht die Corniche entlang, linkerhand das Meer und der Hafen. Rechterhand lassen wir das Fort hinter uns. Alles ist sehr gepflegt und geschmackvoll bepflanzt. Wir erreichen die nächste Bucht. Vor uns der Riyam Park, ein Vergnügungspark. Schon von weitem erkennt man auf einer abgetragenen Bergspitze ein seltsames weißes Gebilde. Es stellt einen Weihrauchbrenner dar, was man aber erst weiß, wenn man das Weihrauchland besucht hat. Wir laufen in die

nächste Bucht. Nein, auch das ist noch nicht Old Muskat. Vor uns liegt der Ort Kalbooh, der das Ende der Corniche bildet. Er ist hübsch mit seinem kleinen Strand. Vor dem Bau der Straße war Kalbooh vom Rest der Stadt abgeschnitten, nur ein paar Schotterwege führten dorthin. Heute wirkt er eher wie ein begehrter ruhiger Wohnort mit seiner hübschen Moschee, deren tiefblaue Kuppeln in den Himmel ragen. Nun geht es bergauf und vor uns liegt das breite ehrwürdige Eingangstor von Old Muskat, das Bab Kabir. Ungefähr eine Stunde sind wir von Mutrah bis Muskat gelaufen. Wir haben unser Ziel erreicht und zur Belohnung geht es jetzt ein Stück bergab. Muskat ist heute Regierungsviertel. Es liegt versteckt in einer Bucht, von allen Seiten mit Wehrtürmen beschützt. Seit dem Mittelalter besitzt Muskat eine Stadtmauer, die von Bergrücken zu Bergrücken die ganze Stadt umgibt, bis heute. Es lohnt sich eine Bootstour entlang der Küste zu unternehmen. Von der Seeseite sieht man die ganze Breite des Palastes mit all den Wachtürmen, Mauern und Festungen.

Alles lässt sich gemütlich zu Fuß erkunden, die Entfernungen sind nicht groß. Wir schlendern durch den alten Ort, vorbei an schön restaurierten alten Handelshäusern, der Polizeistation und dem Franzosenhaus Bait Fransa, in dem heute das Omani French Museum untergebracht ist. Vorbei an der Moschee Masjid al-Khor laufen wir bis ans Wasser. Rechterhand können wir einen Seitenblick auf den Palast werfen. Zu unserer linken befindet sich die gut bewachte Festung Mirani. Wir laufen auf fast dem gleichen Weg zurück, nähern uns jetzt dem Palast von seiner offiziellen Empfangsseite. Der große Vorplatz lässt uns klein erscheinen. So nehmen wir den Weg durch die Bogengänge. Die sind bestimmt an die 80 m lang. Die Sonne wirft ein warmes Licht in den langen Gang. Nun stehen wir direkt vor dem Palast des Sultans.

Die Regierungsgebäude und besonders der Arbeitspalast sind absolut sehenswert. Über Geschmack lässt sich bekanntlich streiten und so liegt es sehr im Auge des Betrachters, ob der Palast gefällt oder eher nicht. Auf alle Fälle ist er in Form und Farbgestaltung einzigartig und erinnert irgendwie an Alice im Wunderland oder vielleicht an etwas Außerirdisches. Wir laufen zurück über den großen Vorplatz und nehmen uns ein Taxi zurück zum Hotel. Heute gibt es in unserem Hotel BBQ am Pool, da wollen wir auf keinen Fall zu spät kommen. Nach dem Marsch haben wir uns das auch verdient.

Den nächsten Tag lassen wir ruhig angehen, genießen das gute Frühstück mit Ei, Humus, Fladenbrot, frischem Obst und Kaffee. Den Vormittag verbringen wir am Pool. Erst gegen Mittag lassen wir uns von einem Taxi zum Al-Bustan Palace Hotel fahren. In Architekturfragen haben die Omani's einen sehr eigenen Geschmack. Wir glauben, sie sind eher Meister feiner Gestaltung und grenzenlose Romantiker. Das Al-Bustan Palace Hotel ist das beste Beispiel. Von außen wirkt das Hotel wie ein Betonklotz und erinnert uns an sozialistische Architektur. Aber schon der Moment, in dem man das Innere betritt, führt den Gast in eine andere Welt, umhüllt von intensivstem Weihrauchduft. Die große runde Empfangshalle ist wunderschön. Durch die 40 m hohe Kuppel fällt ein angenehmes Licht auf die Swarowski-Kronleuchter, die das Licht weitergeben an die Wände aus Marmor mit vergoldeten Mosaiken. In der Mitte der Lobby plätschert ein Brunnen, um ihn herum befinden sich gemütliche Sitzgelegenheiten. Überdimensional große goldene Vasen verzieren die Eingänge. Zwei junge Damen, Europäerinnen, spielen Klavier und Geige. Hier ist man in einem Märchen aus 1001 Nacht angekommen. Das Personal ist unglaublich aufmerksam. Jeder Besucher wird auf das Freundlichste empfangen. Wir umrunden die Lobby und gehen treppab in den unteren Bereich. Außer den luxuriösen stillen Örtchen für Gäste befinden sich hier einige Säle und Ruheräume. Im Majan Ballsaal finden 1000 Gäste Platz. Er wird für Hochzeiten, Modenschauen und Konferenzen genutzt. Heute ist er leer, kein einziger Stuhl steht in ihm. Das Hotel selbst verfügt über 250 Zimmer und Suiten. Die oberste Etage ist allerdings für Gäste des Sultans reserviert. Man sagt, dort sind die Wasserhähne aus purem Gold. Ich schau mal in die weibliche WC Landschaft. Sehr schön, sehr edel, viele Spiegel und goldene Wasserhähne, o.k. goldfarbene. Wir laufen zurück in die Lobby, umhüllt von schwerem Weirauchnebel. An der

Rezeption erkundigen wir uns nach den Zimmerpreisen. Das billigste Zimmer kostet die Nacht ca. 350 €, könnte man sich fast mal gönnen, für einen besonderen Anlass.

Wir lassen diese einzigartige Märchenwelt hinter uns und atmen erst einmal tief durch. Umgeben ist das Hotel von einem Garten. Die fruchtbare Erde hat man von weither geholt und die meisten Pflanzen stammen aus Indien. Auch hier wurde nicht gespart.

Zu Fuß machen wir uns auf den Weg. Neben dem Hotel befindet sich ein Hubschrauberlandeplatz mit drei Landeplätzen. Ein Hubschrauber kommt hier wohl selten alleine. Wir laufen zurück zur Hauptstraße, zum Kreisverkehr. Auch er ist eine kleine Sehenswürdigkeit. In seiner Mitte thront die Sohar auf plätscherndem Wasser. Die Sohar ist eine echte Holz-Dhau. Der Wissenschaftler Timothy Severin segelte mit ihr und 20 Mann Besatzung vom Oman nach China. Er wollte damit beweisen, dass es im 8. Jahrhundert technisch möglich war, auf diesem Weg zwischen Arabien und China zu verkehren. Für die fast 6000 Meilen weite Strecke von Muskat nach Kanton benötigte Severin siebeneinhalb Monate.

Hinter dem Kreisverkehr fällt der Blick auf das große Parlamentsgebäude. Doch das Parlamentsgebäude interessiert uns nicht so. Wir laufen entlang bzw. vorbei am kleinen Stadtteil Bustan, erklimmen einen Hügel und haben von einem Aussichtsplatz einen schönen Blick auf die Marina. Sie ist von der Größe überschaubar, sicher gibt es irgendwo noch eine andere, wo die richtig großen Yachten liegen. Wir laufen den Berg herunter und sind pünktlich um 16.00 Uhr am Eingang der Marina. Hier startet unsere Bootstour zum Sonnenuntergang.

Das Boot, eine richtige Holz-Dhau, schippert mit uns in aller Gemütlichkeit die Küste entlang. Zuerst fahren wir in Richtung Bustan und haben noch einmal Seeblick auf das Al-Bustan Palace Hotel. Hier dreht unsere Dhau und fährt in Richtung Mutrah. Von der Seeseite bekommt man einen noch besseren Eindruck von Muskat, besonders vom Königspalast im alten Muskat. Entlang der Küste zeigen sich all die

Wachtürme auf den Hügeln. Um den Regierungspalast sind drei Forts gelegen. Der Blick bei untergehender Sonne auf den Palast in seiner ganzen Breite ist wirklich beeindruckend. Die Dhau fährt noch ein kleines Stück weiter, so können wir noch in den Hafen von Mutrah sehen. Eine Bootstour sollte man hier unbedingt unternehmen. Der Blick von der Seeseite rundet den Eindruck ab und ist zum Sonnenuntergang sehr romantisch.

Der Veranstalter unserer Bootstour ist so freundlich und nimmt uns mit zurück nach Mutrah. Zu Fuß ist es zu weit und außerdem ist es bereits dunkel. In Mutrah verfolgen wir bei einem leckeren Abendessen noch eine Weile das Treiben auf der Straße. Es ist Freitag, also Wochenende und da ist hier richtig was los. Viele Omani's sind unterwegs, Männer, Freundinnen auf Shoppingtour und ganze Familien. Alle laufen in Richtung Souq, bzw. sind schon auf dem Heimweg.

Schon um 7.00 Uhr sitzen wir beim Frühstück. Heute haben wir viel auf dem Plan. Zuerst fahren wir mit einem Taxi zur Sultan Qaboos Grand Mosque, eine ganz besondere Sehenswürdigkeit in Muskat. Sie ist die größte und schönste Moschee des Landes. In passender Kleidung darf sie samstags bis donnerstags von 8.00-11.00 Uhr von Nichtmuslimen besucht werden.

Auf dem 70x60 m großen persischen Teppich, der aus 1,7 Mrd. Knoten gewebt wurde und für kurze Zeit der größte Teppich der Welt war, finden 6000 Gläubige Platz zum Beten. Im Innenhof der Moschee ist für weitere 14.000 Gläubige Platz. Ein echter Hingucker ist der riesige Kristallleuchter aus Swarowski Kristallen. Schön sind auch die Bogengänge zu beiden Seiten der großen Gebetshallen, geschmückt mit Mosaiken in allen Farben. Wir folgen den Bogengängen, umrunden die große Gebetshalle, bevor wir hineingehen. In der Moschee muss man sich Zeit lassen. Wir setzen uns an der Seite auf den Fußboden und betrachten die Kuppel mit dem mächtigen Leuchter, den Teppich, all die Besucher, die staunend über den zugelassenen Weg schlendern. Nach einer Weile setzt sich eine Muslima zu uns auf den Boden. Es gefällt ihr, wie wir ihre Moschee in aller Ruhe erkunden. Sie erzählt uns einiges Wissenswertes über die Moschee. Zum Beispiel, dass die Moschee von Sultan Qaboos persönlich im Jahr 2001 eröffnet wurde und, dass sie kurzzeitig die fast größte Moschee der Welt war nach Mekka und Medina, versteht sich. Aber der Herrscher von Abu Dhabi hat dann ganz schnell eine neue Moschee bauen lassen, die um ein winziges größer ist als die in Muskat. Nun ist sie nur noch die viertgrößte Moschee der Welt. Sie lädt uns ein, sie im Besucherzentrum zu besuchen. Vielleicht hofft sie uns den Islam näher bringen zu können. Wir genießen den Moment auf dem Boden der großen Gebetshalle, aber am Ende besuchen wir sie doch nicht. Wir umrunden die Moschee, laufen wieder durch die Bogengänge, zurück durch den symmetrisch angelegten Garten am Wasserspiel vorbei. Ein letzter Blick zurück und schon sitzen wir im Taxi.

Wir fahren zum Radisson Blue. Dort übernehmen wir unseren Mietwagen, einen Mazda2. Das Auto haben wir schon im Vorfeld gebucht. Im Nachhinein muss man sagen, dass ein 4WD sicher die bessere bzw. sicherere Wahl gewesen wäre. Bei gutem Wetter kann man mit einem normalen Pkw problemlos im Oman unterwegs sein. Wir hatten während der ganzen Zeit gutes Wetter und so hatten wir auch kein Problem, sind mit unserem Auto bis zum Fuße des Jebel Akhdar gefahren. Glück gehabt. Bei Regen sind einige Strecken mit einem normalen PKW nicht mehr befahrbar. Wir wollten eigentlich noch umbuchen, doch das ging so kurzfristig nicht mehr. Einige Formalitäten sind nötig und schon sitzen wir im Auto, fühlen uns noch etwas unsicher im Straßenverkehr, doch das vergeht schnell. Die Straßen sind breit und übersichtlich. Das erste Mal halten wir an einem Supermarkt, kaufen ein paar Flaschen Wasser, Kekse und etwas Obst. Wir sind gerüstet für den ersten Ausflug.

Unser Ziel ist der kleine Ort Barka direkt am Meer. In Barka gibt es eine interessante Sehenswürdigkeit, das größte Lehmfort des Oman. Auf der Autobahn fahren wir in westliche Richtung. Dabei geht die Fahrt am imposanten Royal Opera House vorbei. Ein wirklich beeindruckender Bau. Auch am Flughafen fahren wir vorbei, umrunden diverse

Kreisverkehre zur Hälfte und fahren nach ca. einer Stunde in Richtung Meer ab. Barka ist die erste größere Stadt hinter der Capital Area, mit seinen knapp 100 000 Einwohnern wirkt sie auf uns wie eine Kleinstadt. Zur Mittagszeit wie eine Geisterstadt kaum Leute sind auf den Straßen zu sehen. Wir stellen unser Auto direkt vor dem Fort ab. Zu dieser Stunde sind wir die einzigen Gäste und erfreuen uns an einer privaten Einzelführung durch die Burg.

Barka blickt auf eine lange Geschichte zurück, war selbst einmal Hauptstadt des Landes. Das Fort stammt aus dem 18. Jh. und an seiner Größe lässt sich erkennen, dass es einmal große Bedeutung als Hafenstadt hatte. Das Fort steht fast am Meer, ist rechteckig und hat drei runde Wehrtürme, die alle nach Westen ausgerichtet sind. Von hier schweift der Blick weit über das Meer und den flachen Küstenstreifen. Wir sehen, wie Fischer mit Hilfe eines Autos ihr Boot aus dem Wasser ziehen. Das Fort ist sehr gut restauriert und wir genießen die kostenlose Führung. Bevor wir uns auf den Heimweg machen, trinken wir in einem Imbiss noch einen Kaffee. Nun kennen wir uns schon besser aus und fühlen uns wesentlich sicherer auf den Straßen. Der Weg zurück zum Hotel ist schnell gefunden. Man kann sich an den auffallenden Gebäuden gut orientieren, wie der Sultan Qaboos Moschee, dem Opernhaus und anderen Gebäuden.

Im Hotel machen wir Siesta und am Abend fahren wir noch einmal los. In unserem Reiseführer haben wir von einer alten Passstraße zwischen Mutrah und Muskat gelesen und die wollen wir suchen. Tatsächlich finden wir den richtigen Abzweig von der Corniche, kurz vor dem Vergnügungspark muss man sich erst rechts halten und dann links abzweigen. Die Straße windet sich schmal bergauf. Es lohnt sich, denn der nächtliche Blick ist sehr eindrucksvoll.

Im Restaurant am Pool unseres Hotels lassen wir diesen Tag in aller Gemütlichkeit ausklingen.

Heute starten wir unsere Rundtour durch den Norden. Unser erstes Ziel ist Nizwa. Die Fahrt durch die Capital Area wird langsam aber sicher zur Routine. Die Autobahn ist gut ausgebaut. Wir halten immer mal wieder auf dem

Seitenstreifen an, denn die Ausblicke auf das Land sind sehenswert. Wenn in einem Wüstenland Grünes emporwächst, ist es irgendwie immer noch etwas schöner, als in einem Land, wo Vegetation reichlich vorhanden ist. Der Blick in eine mit Palmen bewachsene Oase inmitten sandsteinfarbener Hügel ist einfach wunderbar. Auf dem Weg nach Nizwa gibt es einige Sehenswürdigkeiten anzuschauen. Zum Beispiel die Oase Suma'il, die aus mehreren Ortsteilen besteht, zahlreiche Wehrtürme aufweist und sehr originell sollen auch die kleinen Krämerläden sein. Auch Itzki und Imti sollen bemerkenswert sein. Da wir von Nizwa noch weiter zum Jebel Shams Resort fahren müssen und nicht wissen, wie lange wir für die Strecke brauchen, entscheiden wir uns für eine kleine Wanderung in ein Wadi, das Wadi Qurai. Wir verlassen die Autobahn und folgen der Ausfahrt zum Wadi Qurai. Nur ein kleines Stück geht es durch den verlassen wirkenden Ort. Es ist später Vormittag und die Sonne wandert in ihren Zenit. Hinter dem letzten Haus endet auch die Straße, eine Sandpiste bringt uns nur ein kurzes Stück weiter. Wir parken das Auto am Ende der Piste, ziehen uns feste Schuhe an und laufen los. Der Weg führt entlang der Wasserrinne, die das klare Wasser aus den Bergen ins Dorf leitet. Eine wunderschöne Wanderung. Frösche erfreuen sich quakend am klaren Nass und wir folgen dem Gezeter der Ziegen, die geschickt über die Steine springen und uns etwas verwundert beobachten. Nach einer guten halben Stunde machen wir uns auf den Rückweg zu unserem Auto.

Die Weiterfahrt nach Nizwa dauert ungefähr eine Stunde. Der Weg ist leicht gefunden und wir parken direkt vor den Toren der ummauerten Altstadt mit dem Fort. Gegenüber der Festung gibt es ein paar Läden und Restaurants. In einem der Straßenrestaurants gönnen wir uns eine Stärkung, einen leckeren Döner und obendrauf einen süßen Kaffee. Jetzt fühlen wir uns gut und die Besichtigung kann losgehen.

Nizwa ist ein schöner und gepflegter Ort, umgeben von Gärten und Palmen, im Hintergrund malerische Gebirgsketten und der Jebel Akhdar. Die Oase Nizwa blickt auf eine lange Geschichte zurück. Im 6. und 7. Jh. war Nizwa Hauptstadt der

Julanda-Dynastie. Schon immer war und ist der Ort tief verwoben mit der religiösen Geschichte des Landes. 751 wurde Julanda bin-Masud erster ibaditischer Imam und Nizwa Landeshauptstadt. Erst im 12. Jh. musste der Titel an Bahla abgegeben werden, Nizwa blieb trotzdem religiöses Zentrum der Ibaditen. Im 17. Jh. war es ein aufsteigendes Zentrum für Religion und Philosophie, sowie Kunst und Handel. Nizwa war Hauptstadt und zeitweise Sitz der Ya'aruba Dynastie. Mit dem Regierungsantritt von Sultan Qaboos 1970 gab es sogar Überlegungen, den Regierungssitz nach Nizwa zu verlegen. Davon nahm man dann jedoch Abstand. Dennoch wurde die Stadt in den letzten Jahren sehr gefördert und unterstützt. Ein neues Krankenhaus, neu geschaffene Wohnviertel, der Bau von Schulen und die Renovierungsarbeiten am Fort sind nur einige Beispiele.

Mit der Besichtigung des Forts beginnen wir, durchlaufen das Eingangstor zum Markt, lassen die Souvenirläden zu beiden Seiten hinter uns und kommen direkt auf den Eingang zu. Die mächtige Holztür steht offen und schon befinden wir uns im Vorhof zur eigentlichen Festung. Eintritt kostet auch hier nur wenige Cent. In aller Ruhe und fast alleine durchstreifen wir die sehr gut renovierten Räume. Bogengänge führen in die Tiefe und auf das Dach. Der Blick auf das Umland ist fantastisch. Die lehmfarbene Altstadt, dazwischen Palmen und Gärten und im Hintergrund die in der Sonne rötlich schimmernden Berge. Über all dem ein stahlblauer Himmel. Wir kommen ihm noch ein Stück näher, erklettern den 35 m hohen runden Festungsturm. Schon aus einiger Entfernung konnten wir den beeindruckenden runden Bau erkennen. Er hat einen Durchmesser von 45 m und ist bis zu einem Drittel mit Sand gefüllt. Zum einen aus Gründen der Stabilität und zum anderen mit raffinierten Falltüren ausgestattet, um Eindringlinge zu stoppen. An ihn herangebaut ist die rechteckige Festung aus dem 17. Jahrhundert. Durch eine sehr alte mit Schnitzereien geschmückte Tür betreten wir den Innenraum des Turmhofes. Kanonen bewachen noch heute den Turm zum Schrecken der Angreifer. Zwei gegenüberliegende Treppen führen auf den oberen Rand des

Turmes. Die Aussicht von hier oben ist nicht weniger beeindruckend. Hübsch anzusehen sind auch die zwiebelförmigen Türme der nahen Sultan Qaboos Moschee. Durch kühlende Gänge geht es zurück in den Innenhof der Festung. Hier befinden sich ein Café und ein Souvenirshop. Eine wirklich sehenswerte Festung. Wir laufen weiter durch die zerfallene Altstadt. Die Lehmbauten fallen einfach in sich zusammen. Schade, dass hier nichts getan wird. Ein paar Details fallen uns ins Auge, z.B. sehr alte Holztüren. Wir schließen unsere Runde und laufen vorbei an den nun leeren Markthallen und kommen zurück zum Eingangstor. Jeden Tag finden hier die verschiedensten Märkte statt, nur selten um die Mittagszeit. Ein kleiner Obststand ist übriggeblieben vom morgendlichen Markttreiben und hier kaufen wir uns eine Melone und Bananen.

Noch einen süßen Kaffee mit Blick auf das Fort und schon geht die Fahrt weiter.

Wir folgen der Straße durch flaches Land, vorbei an Dörfern, immer mit Blick auf die Berge des Hajar-Gebirges. Unser Mazda kämpft sich tapfer die ersten Berge hoch. Hinter einer Kurve halten wir am Straßenrand, denn hinter einer Oasenschlucht mit Feldern und Palmen entdecken wir am Hang den verlassenen Ortsteil von Ghul. Die Häuser aus Lehm und Stein kleben buchstäblich am Hang. Bei einigen größeren Häusern hat man das Gefühl, dass die Fenster ein Gesicht darstellen. Ein wunderbarer Anblick, mit dem Grün der Oase. Man glaubt in die Vergangenheit zu schauen. Auf den Feldern wird gearbeitet. Als uns die Bauern sehen, winken sie uns freundlich zu. Die Fahrt geht weiter, weiter in die Berge. Die Serpentinenstraße ist sehr gut ausgebaut. Die Ausblicke werden immer atemberaubender. Mittlerweile haben wir gut an Höhe gewonnen und die Asphaltstraße verwandelt sich nun in eine Sandpiste. Warnschilder weisen darauf hin, dass der Rest der Strecke für normale PKW problematisch werden könnte und es wird geraten, hier nur noch mit einem 4WD Auto weiterzufahren. Der Himmel ist blau, keine Regenwolke in Sicht, also fahren wir mutig weiter. Einige wenige Wegstrecken sind holperig und man muss gut aufpassen. Doch bei diesen Wetterbedingungen kann man getrost mit einem normalen PKW weiterfahren. Mit ein paar Fotostopps und einem ersten Blick in den Canyon erreichen wir das Jebel Sham Resort problemlos in den späten Nachmittagsstunden. In dieser Gegend gibt es nicht so viele Übernachtungsmöglichkeiten und es ist wirklich nicht billig. Wir haben uns für die Übernachtung in einem Zelt entschieden. Von einer 4 Sterne Übernachtung haben wir etwas mehr erwartet. Doch das freundliche und hilfsbereite Personal, die Traumlage und die unvergesslichen Sonnenuntergänge lassen über alles hinwegschauen. Wir richten uns ein und nach einem kurzen Spaziergang ist es Zeit für das Abendessen. Wir genießen das leckere orientalische Buffet. Nach Sonnenuntergang wird es hier oben am Fuße des Jebel Akhdar recht kühl, so verbringen wir nur noch einen kurzen Moment mit einem Sundowner vor unserem Zelt. Die Nacht wird interessant. Knabbernde und raschelnde Geräusche holen mich aus dem Schlaf. Was ist das? Ich rüttle an meiner besseren Hälfte. Du, da ist was? Es vergeht einige Zeit, bis mein Beschützer erwacht und erst einmal versteht, was ich von ihm will. Und tatsächlich, er findet sie, unsere Taschenlampe. Und im ersten Schein der Lampe, die auf den Ausgang des Zeltes gerichtet ist, erkennen wir das fliehende Hinterteil eine Bergratte. Zum Glück schlafen wir nicht auf Isomatten, sondern haben richtige Betten im Zelt stehen. Selber Schuld, das hungrige Tier hat unsere mitgebrachten Vitamine gerochen und sich daran zu schaffen gemacht. Am Morgen entdecken wir die in Unordnung gebrachte Mülltüte und den angeknabberten Apfel. Eine Zeltwand ist eben doch kein Festungstor.

Nach einem guten Frühstück machen wir uns auf den Weg, den Grand Canyon des Oman und seine nähere Umgebung zu erkunden. Hier oben kann man locker ein paar Tage zubringen und mit Sicherheit sehr eindrucksvolle Wanderungen unternehmen. Uns bleibt nur dieser eine Tag, aber den wollen wir optimal gestalten. Unser Weg geht über Stock und Stein, begleitet von einer Herde Ziegen, die nach kläglichem Grün suchen. Beeindruckend sind die urig gewachsenen Bäume. Vom Wind geformt sind Stamm und Äste, die Rinde gaukelt ein unglaubwürdiges Alter vor. Harte Lebensbedingungen hier oben. Der erste Blick in den Canyon lässt uns den Atem stocken. Ganz alleine stehen wir hier, kein Mensch weit und breit und schauen in die Tiefe. Dieser Canyon ist ein Mekka für jeden Geologen. Wir staunen über diese grandiose Natur und jedem Geologen würde es Tränen in die Augen treiben und er würde denken „wie sie sehen, sie sehen nichts". Also uns Touristen bleibt das archäologische Wunder eher verborgen.

Dieser Canyon stellt ein tektonisches Fenster dar. Man steht auf einer Gesteinsschicht, die 90 Millionen Jahre alt ist und blickt die gesamte Abfolge der Sedimentgesteine hinunter und zurück in die Erdgeschichte auf das Grundgebirge, dessen Gesteine 600 Millionen Jahre alt sind. Ein Blick so weit zurück, das ist ein spannender Moment. Und in der Tat kann man in der Stille hier oben, umgeben von dieser rauen Schönheit, seine Gedanken treiben lassen. Wir setzen uns an den Rand des Canyons und schauen in die Tiefe. Langsam schleicht sich die Sonne durch den weiten Canyon und erwärmt die Luft. Unter uns entdecken wir ein Adlerpaar, das sich gemächlich in weiten Runden von den Winden in die Höhe gleiten lässt. Es dauert eine ganze Weile, bis sie ihre Runden über unseren Köpfen drehen. Als würden sie mit uns spielen, gleiten ihre weiten Schwingen immer wieder über unseren Köpfen hinweg und sie beobachten uns genauso wie wir sie. Das sind Momente, die man mit nach Hause nimmt, eins sein mit der Natur. Wir erlaufen unsere Seite des Canyons. Die andere Seite heben wir uns für die nächste Omanreise auf. Wir laufen bis zu der kleinen Aussichtsplattform, an der ab und zu ein Auto anhält. Auf der anderen Straßenseite haben einige Frauen einen Verkaufsstand. Wir gehen zu ihnen und schauen uns die schönen farbenfrohen Handarbeiten an. Ihre Gesichter sind nicht verhüllt. Bunte Tücher tragen sie um den Kopf. Sie sind lustig und obwohl sie kaum englisch sprechen, verstehen wir, dass sie aus dem Dorf ganz in der Nähe kommen und jeden Tag hier sind. Hübsche bunte Armbänder und Schlüsselanhänger verkaufen sie. Es gibt sogar gefilzte

Schuhe. Ich frage, ob ich ein Foto von ihnen machen darf. Nein, das möchten sie nicht. Schade, aber so ist das. Wir kaufen ein paar von den bunten Souvenirs und laufen zurück zu unserem Camp. Nach 5 Stunden Wanderung gönnen wir uns eine Siesta und dösen in der Nachmittagssonne. Kurz vor Sonnenuntergang machen wir uns erneut auf den Weg. Die Sonnenuntergangsstimmung ist hier oben grandios. Wir suchen uns ein schönes Plätzchen und genießen den Sonnenuntergang. Die Farben des Himmels und der Berge ändern sich immer wieder aufs Neue. Man wird nicht müde und kann kaum ein Ende finden. Es ist fast dunkel, als wir das Camp wieder erreichen.

Das Wetter ist uns treu geblieben und so ist es ein Leichtes für unseren Mazda die staubige Straße zurück zu fahren. Natürlich muss der Wagen an jeder "Milchkanne" halten, weil die Aussicht einfach zu grandios ist und ich immer nur noch ein letztes Foto machen möchte. Wir erreichen die Asphaltstraße und es geht etwas zügiger weiter trotz gleichbleibender Aussicht. In Al Hamra biegen wir noch einmal in Richtung Bergland ab. Die Straße windet sich in Serpentinen den Berg hinauf. Unter uns das weite flache Land. Unser Ziel ist das Bergdorf Misfah.

Der Ort ist an einen steil abfallenden Hang gebaut. In den alten Ortskern kommt kein Auto. Wir parken unseren Wagen vor dem Stadttor und laufen zu Fuß weiter. Zuerst auf der Suche nach einer Bleibe für die Nacht. In Misfah gibt es bis jetzt nur ein Guesthouse. Es befindet sich in einem alten Haus im Palmenhain unterhalb der Altstadt. Es ist mit der Hilfe eines Einheimischen schnell gefunden. Der Wirt bittet uns herein und reicht uns Tee und Datteln. Ein wunderschöner ruhevoller Platz, umgeben von Palmen. Wir fühlen uns sofort wohl und hoffen auf ein freies Zimmer. Der Wirt schaut in sein kluges Buch und muss uns leider enttäuschen. Diese Adresse ist gut besucht und oft schon lange im Voraus ausgebucht. Wir wussten das und haben es auf gut Glück versucht. Trotzdem dürfen wir uns die Zimmer und die Dachterrasse ansehen. Alles einfach und doch charmant und einladend. Egal, wir wandern quer durch den Palmenhain, vorbei an den Gartenparzellen und falaj - Wasserkanälen. Eine grüne Oase am Hang. Kleine terrassierte Felder werden von den Kanälen unterteilt. Wir laufen bis an den Rand der Schlucht. Scheinbar ist momentan Dattelernte, denn abgeschlagene Zweige mit vielen Datteln liegen auf den Feldern verteilt. Auf der anderen Seite der Schlucht befinden sich ebenfalls terrassierte Felder bis in die Tiefe hinunter. Kinder laufen lachend an uns vorbei und bleiben spielend an einem Brunnen stehen. Sie fühlen sich hier sichtlich wohl. Der Weg zurück führt teilweise über die Wasserkanäle, vorbei an den grünen Gärten. Eine alte Frau bearbeitet ihr Feld. Sie lässt sich nicht stören von den vorbeilaufenden Touristen. Auch die Wanderung durch den kleinen Ort ist beeindruckend. Die Farben ziehen uns in ihren Bann. Das Braun und Ocker der verfallenden Lehmhäuser, die Fensterrahmen aus Holz in blau, grün oder gelb geben einen wunderbaren Kontrast. Schmale schattenspendende Gassen, Torbögen und Wege, die in den Abgrund, an den Rand der Schlucht führen. Hoffentlich wird hier bald etwas Geld vom Sultan gesponsert, sonst ist es zu spät für diesen zauberhaften Ort.

Langsam fahren wir die Serpentinen wieder hinunter, immer mit Blick auf das weite Land vor uns und die Berge zu beiden Seiten. Wir fahren nach Nizwa in der Hoffnung, hier eine Übernachtungsmöglichkeit zu finden. Zwei, drei Hotels habe ich uns aus unserem Reiseführer ausgesucht. Genau die fahren wir jetzt an und werden nicht fündig, alles ausgebucht. Das kann doch nicht möglich sein. So viele Hotels gibt es hier auch nicht, aber so gar nichts? O.k., ein Plan B muss her. Egal wo, wir brauchen eine Unterkunft. Der Rezeptionist im letzten Hotel ist sehr freundlich. Er erzählt uns, dass es ein gutes Hotel zwischen Bahla und Jibreen gibt und schlägt vor, dort anzurufen. Gesagt, getan und dieses Mal haben wir Glück. Da unser nächstes Ziel sowieso Jibreen Castle ist, liegt das Hotel auf dem Weg. Über die Autobahn fahren wir in Richtung Jibreen. Für die Strecke benötigen wir ca. eine Stunde. Das Fort können wir schon aus weiter Entfernung sehen. Wir nehmen die Abfahrt und fahren zum Hotel. Es macht einen richtig guten Eindruck und die Leute sind sehr freundlich.

Wir verlieren jedoch keine Zeit, schmeißen unsere Rucksäcke in die Ecke und fahren das kurze Stück zurück zum Fort. Eigentlich ist es gar kein Fort, es war einmal ein Wohnschloss. Der Palast von Jabrin gehört zu den schönsten des Omans. Anfang der 80-ger Jahre wurde er renoviert. Erbaut wurde der Palast 1670 vom Sohn des Sultans der das Fort in Nizwa erbaut hat. Bil'arub bin Sultan al-Ya'aruba wollte seinem Vater wohl beweisen, dass er es genauso gut kann. Leider waren ihm die geschichtlichen Entwicklungen nicht immer gut gesonnen. Im Jahr 1688 wurde er zum Imam des Omans berufen und verlegte den Regierungssitz nach Nizwa und Jabrin. Scheinbar war er ein Feingeist, denn er unterstützte und finanzierte Astrologen, Rechtsgelehrte, Mediziner, Poeten und Historiker. Sogar eine Theologieschule gründete er und wollte sein Schloss zu einem Ort der Künste und des Wissens machen. Leider kam ihm sein Bruder Saif in die Quere und forderte den Titel des Imams für sich. Also wurden dicke Mauern und Kanonentürme errichtet, um den Palast zu schützen. Irgendwann hatte der Widersacher genug Leute hinter sich gebracht um seinen Bruder zu stürzen. Der Palast hatte für Saif keine Bedeutung, er kümmerte sich nun um Wichtigeres z.B. um die Vertreibung der Portugiesen vor der Küste und etablierte den Oman als bedeutende Seefahrermacht. Jedem das seine.
Der große Parkplatz vor dem Palast ist leer, kein Besucher ist da. Wir genießen die Stille in dem schönen und wirklich sehenswerten Palast. Er ist mit Liebe zum Detail renoviert worden. Große Tongefäße stehen im Hof, historische Gegenstände und antike Möbel vermitteln einen Hauch der vergangenen Zeit. Sitzgelegenheiten auf dem Fußboden laden zum Verweilen ein. Wir setzen uns auf den Boden und spüren den angenehmen Luftzug auf dieser Sitzhöhe. Wie man sieht hat alles seinen Grund. Eine Reisegruppe wandert an uns vorbei. Dahin ist die Stille, glücklicherweise nur für einen kurzen Moment, dann gehört der Raum wieder uns. Vom Dach hat man einen weiten Blick auf das Umland. In der Ferne erkennen wir eine Windrose, die über das Land zieht.

Der Tag ist noch zu jung, um schon schlafen zu gehen. Über die Autobahn fahren wir zurück nach Nizwa. Wir laufen noch einmal durch das große Tor in die Altstadt. Hier gibt es ein paar sehr schöne Souvenirläden. In einem der Geschäfte hatten wir uns mit dem Besitzer angefreundet. Er erkennt uns und lädt uns zu einem Tee ein. Während ich in aller Ruhe das ganze Geschäft auf den Kopf stelle, unterhalten sich die Männer, über was wohl? Über Fußball natürlich. Aber nicht nur. Er erzählt uns, dass im Oman niemand für Arztbesuch und Krankenhaus bezahlen muss. Auch der Schulbesuch ist kostenlos. Mittlerweile gibt es eine ganze Menge von Privatkliniken und auch Privatschulen. Das muss jeder selbst bezahlen, soll aber auch besser sein, als das staatliche Angebot. Das ist überall das Gleiche. Ein älterer Herr betritt den Laden, ein Onkel unseres neuen Freundes. Als er hört, dass wir aus Deutschland kommen, strahlen uns seine müden Augen freudig entgegen. Er erzählt uns, dass er in Berlin war und das war so großartig. Er war Patient bei einem Professor in der Charite, weil sein Herz so schwach war. Und der Professor hat ihn gründlich untersucht, ihm ein paar Pillen verschrieben und plötzlich ging es ihm wieder viel besser. Alle waren so freundlich zu ihm, das hat ihm gut gefallen. Ja, er kommt richtig ins Schwärmen. Deutschland ist ein gutes Land, sagt er. So machen Souvenirkäufe richtig Spaß. Mittlerweile habe ich alles zusammengetragen, was ich brauche und wir verhandeln einen fairen Preis. Man sollte immer handeln. Aber nicht, wie in Asien, wo man mit einem Viertel des Preises anfängt. Mit etwas Verhandlungsgeschick kommt man auf einen guten Preis. Beide Seiten sollten zufrieden mit dem erzielten Preis sein, sonst macht es keinen Spaß. Wir sagen „Goodbye" und schlendern zurück über den großen Platz, wo noch immer etwas Handel getrieben wird.

Auf der gegenüberliegenden Seite der Burg, hinter dem großen Platz, gibt es ein paar Restaurants. In einem lassen wir uns nieder. Das Essen ist nicht der Renner, aber der Blick auf das Fort ist nicht zu toppen. Jetzt, wo die Sonne untergeht, zeigt sich der Himmel in einem traumhaften Blauton, die ersten Sterne blinken auf. Ein würdiger Abschluss für einen so gelungenen Urlaubstag. Auf der Fahrt zum Hotel ist es bereits dunkel, aber die Autobahn ist beleuchtet und der Weg einfach zu finden.

Der helle Schein der aufgehenden Sonne fällt mir durch einen Spalt in der Gardine direkt ins Gesicht. Es ist vielleicht 6.00 Uhr, ich stehe auf und schaue aus dem Fenster. Ich muss feststellen, dass wir hier echte Langschläfer sind. Auf der Straße warten bereits Kinder auf den Schulbus. An der einen Ecke stehen die Mädchen, an der anderen Ecke stehen die Jungs. Sie sehen in ihren Schuluniformen hübsch aus. Die Jungs tragen ein langes weißes Kleid und eine Kappe auf dem Kopf. Die Mädchen haben rote Röcke und pinkfarbene Jacken dazu an, weiße Strumpfhosen und einige der Mädchen tragen ein weißes Tuch. Der Schulbus sammelt sie alle ein und braust davon.

Auch wir machen uns auf den Weg. Heute fahren wir nach Ibra zum Frauenmarkt. Ich muss zugeben, dass wir zuerst gedacht haben, es handelt sich dabei um einen Markt zur Brautschau oder so. Könnte ja durchaus möglich sein, dass es im Oman so läuft. Weit gefehlt, es handelt sich einfach um einen Markttag nur für Frauen. Der Markt befindet sich etwas außerhalb des Ortszentrums. Wir stoppen an einer Tankstelle und fragen nach dem Weg. Ein freundlicher Omani versteht uns und zeigt uns den Weg, geradewegs zurück und irgendwann rechts halten. Wir danken ihm und versuchen unser Glück. Ja, hier sieht es nach Markt aus. Wir parken das Auto und machen uns auf den Weg.

Die ganze Gegend scheint ein einziger Markt zu sein. Wir laufen an einer Halle für Obst und Gemüse vorbei. Flache Ladenzeilen mit Vordach stehen zu allen Seiten. Hier gibt es Stoffe, Kleider und Schneidereien. Im Prinzip handelt es sich bei dem Frauenmarkt um einen kleinen Bereich mittendrin. Eine große überdachte Halle, die zu allen Seiten offen ist. Alleine mache ich mich auf den Weg und nehme auch die Kamera nicht mit. Männern ist der Zugang untersagt und man soll auch nicht fotografieren. Das mögen die Menschen hier nicht so gerne und erst recht nicht in diesem Bereich des Marktes. Nun bin ich aber gespannt. Was gibt es hier, was es draußen nicht gibt. Stoffe, Tücher, Kleider, Kinderkleidung, Schuhe, Nähzeug, Knöpfe, Haarspangen, verschiedene Garne, Handarbeiten und Stickereien. Alles, was das Frauenherz begehrt.

Entstanden ist der Markt vor vielen Jahren. In Ibra befand sich weit und breit das einzige Krankenhaus mit einer gynäkologischen Station. Die Frauen machten sich von weit her auf den Weg nach Ibra. Manchmal blieben sie für längere Zeit vor Ort. Den Aufenthalt mussten die Frauen irgendwie finanzieren, so brachten sie Handarbeiten mit, um sie In Ibra zu verkaufen. Vor den Toren des Krankenhauses entstand mit der Zeit ein blühender kleiner Markt. Das ging auch eine ganze Zeit gut, doch irgendwann beschlossen die Stadtväter, dass der Mark vor dem Krankenhaus zu verschwinden hat. Doch sie waren gnädig, der Markt wurde lediglich verlegt und nicht verboten. Welch ein Glück, denn der Markt ist sehenswert, orientalisch und sehr farbenfroh. Man kann erkennen, dass die Frauen aus unterschiedlichen Gegenden kommen. Sie tragen bunte Tücher um ihren Kopf, manche sind von Kopf in Fuß mit schwarzem Tuch verhüllt. Interessant sehen die Frauen der Beduinen aus. Sie tragen eine Maske vor dem Gesicht. Die Maske ist aus schwarzem Stoff, in der Mitte vor der Nase mit einem Holzstab gespannt. Für die Augen sind zwei große Schlitze eingearbeitet. Befestigt wird die Maske mittels zweier Bänder hinter den Ohren. Ich schlendere durch die Reihen, tausche freundliche Blicke mit den Händlerinnen aus und kaufe mir zwei der schönen bunten Stoffe. Das Areal ist überschaubar und nach einer knappen halben Stunde bin ich zurück. Gemeinsam laufen wir durch den äußeren Bereich. Zwischen meterlangen Kleiderstangen, auf denen unendlich viele Kleider hängen, sitzen die Händlerinnen, denen der Gesprächsstoff nicht auszugehen scheint. Hier werden alle Neuigkeiten, Tratsch und Klatsch ausgetauscht. Ganz am Ende stehen die Teppichhändler. Auf LKW's sind die Teppiche über dem Verdeck befestigt, so dass man sie in ihrer ganzen Schönheit bewundern kann. Im Inneren liegen die aufgerollten Teppiche. Männer stehen davor und versuchen Interessenten für sich zu gewinnen. Ein großer Jeep fährt an uns vorbei. Er transportiert auf seiner Ladefläche ein blökendes Schaf.

Auf dem Rückweg setzen wir uns in eines der Straßenrestaurants, die sich auf der anderen Straßenseite befinden. Alle Aufmerksamkeit ist auf uns gerichtet. Der Wirt gibt sich alle Mühe und wir verständigen uns perfekt wortlos. Der Kaffee schmeckt richtig gut und der Wirt ist sichtlich stolz. Wir erholen uns von der heißen Sonne und können von hier drinnen wunderbar das Treiben draußen beobachten.

Auf der Suche nach dem Markt erzählte uns der Omani auch von Alt- Ibra, das sehr sehenswert sein soll. Da wir noch Zeit haben, beschließen wir, uns dorthin auf den Weg zu machen. Nach einem zweiten süßen Kaffee laufen wir zurück zum Auto und fahren los. Der Ortsteil liegt etwas abseits, hinter einem ausgetrockneten Flusslauf. Die Gegend ist überschaubar und der Weg schnell gefunden. Wir parken neben einem kleinen Reisebus.

Die Häuser sind nicht mehr bewohnt. Einige Tore haben Schlösser davor. Was es wohl hinter ihnen zu sehen gibt? Bei uns wäre um so ein Areal ein großer Bauzaun mit dem Vermerk "Betreten auf eigene Gefahr". In der Tat muss man in einigen Ruinen wirklich vorsichtig sein. Ein unerwartetes Loch im Fußboden und man findet sich schnell eine Etage tiefer wieder. Der Blick fällt durch schöngeformte Torbögen. Künstlerisch verzierte Tür- und Fensterrahmen lassen erahnen, wie wundervoll die Häuser einstmals gewesen sein müssen. Leider sind die meisten Gebäude so kaputt, dass man sie kaum noch wieder aufbauen kann.

Die Fahrt geht weiter. Wir haben eine Verabredung in Al Wasil, an der kleinen Moschee, direkt an der Hauptstraße. Hier ist der Treffpunkt zur Weiterfahrt ins Wüstencamp. Auf dem Weg erkennen wir in der Ferne eine gewaltige Sanddüne, die sich wie ein Gletscher ins Land schiebt. Wir verlassen die Hauptstraße, das müssen wir aus der Nähe betrachten. Unter uns schroffer Sandsteinboden. Büsche und kleine Bäume finden hier gerade genug Wasser für eine karge Vegetation. Rund 500 m weiter ist Schluss damit. Der Sand verschlingt das wenige Grün. Nur ein paar Steinfelsen finden einen Weg aus dem feinen Sand. Auf dem Weg zurück zur Hauptstraße fahren wir an einer Palmenoase vorbei. Der Blick in die Oase durch das große Lehmtor ist einmalig, palmengesäumt zieht sich die Straße schnurgerade durch sie hindurch. Wir fahren ein Stück hinein. Zu beiden Seiten befinden sich Felder. Welch ein Kontrast zum Leben außerhalb der Tore. Hier im Schatten der Palmen umgeben von sattem Grün, lässt es sich gut aushalten. Doch wir wollen ins Wüstencamp, also verlassen wir diesen schönen Ort und fahren weiter nach Al Wasil. Der Treffpunkt ist schnell gefunden. Zwei große Jeeps warten schon am verabredeten Platz. Wir parken unseren kleinen treuen Mazda daneben. Ein Ehepaar aus Süddeutschland stellt sich uns vor. Die Frau eher unscheinbar, der Mann scheint mir aus einer Marlboro Werbung entflohen zu sein. Weißes tailliertes Hemd, braungebrannt und verwegener Dreitagebart. Wenn mein Mann irgendwann anfängt, weiße taillierte Oberhemden in den Rucksack zu stecken, würde ich mir ernsthaft Sorgen machen. Nicht, dass ich etwas gegen weiße Oberhemden hätte, aber in der Wüste? Egal, jeder lebt seinen Traum anders.

Nach einer Weile kommt ein weiterer Jeep angebraust. Ein junger sympathischer Beduine steigt aus. Faisal stellt sich vor und wird unser Begleiter für die nächsten 24 Stunden sein. Wir müssen noch eine ganze Weile warten, bis er alle Reisenden eingesammelt hat. Unser Auto stellen wir am Haus seines Onkels im Dorf ab und steigen in seinen geräumigen Jeep um. 5 oder 6 andere Jeeps folgen uns. Faisal erzählt auf dem Weg durch die Wüste, dass das Camp seiner Familie gehört. Gemeinsam haben sie es erbaut und bewirtschaften es in der Saison, den Wintermonaten. Im Sommer sind hier Temperaturen um die 50 Grad, da kann man es in der Wüste kaum aushalten. Zwei Kamele haben es sich auf dem Weg gemütlich gemacht. Wir halten und laufen zu den Kamelen. Sie sehen sehr gepflegt und stolz aus, wirklich schöne Tiere. Die Kamele gehören seinem Onkel. Er wird uns am nächsten Tag mit seinen Kamelen besuchen kommen. Die Fahrt geht weiter. Grüne Grasbüschel wachsen aus dem Sand und erzielen ihre Wirkung im Sandmeer. Wir fahren an einem weiteren Camp vorbei. Das gehört einer anderen Beduinenfamilie. Damals, als die ersten Touristen kamen, haben einige der ortsansässigen Beduinen das richtige Händchen gehabt und Camps für die Reisenden aufgebaut. Karawanen durch die Wüste gibt es heute kaum noch. Da muss man nach anderen Möglichkeiten suchen, Geld zu verdienen. Er erzählt uns, dass die Regierung plant, eine Straße durch die Wüste zu bauen. Das findet hier keiner gut. So groß ist die Wahiba Sandwüste nicht und eine Straße würde die Schönheit dieser Wüste und ihren Lebensraum zerstören.

Die Wahiba ist eine Inlandswüste, 15000 Quadratkilometer werden von Sanddünen bedeckt. Im Vergleich zur Sahara oder der Rub al-Khali ist sie eher ein Sandkasten. Von Norden nach Süden erstreckt sie sich über ca. 250 km, von Ost nach West sind es gerade 80 km. Im Osten reichen die Dünen bis an den Indischen Ozean. Faisal erzählt uns, dass sie früher Touren mit Kamelen bis ans Meer unternommen haben. Das machen sie heute nur noch sehr selten. Es ist sehr mühsam und teuer. Man braucht viele Kamele für eine Karawane, denn sie müssen alles mitnehmen.

Obwohl die Wüste klein ist, kommen trotzdem gerne Forscher zur Erforschung der Flora und Fauna. Die Lebensbedingungen sind wie in einer großen Wüste und für den Forscher ist es nicht so mühsam auf Grund der kürzeren Entfernungen. Der erste Europäer, der die Wahiba Sandwüste durchquert hat, war, wie könnte es anders sein, der abenteuerlustige Brite Wilfred Thesiger im Jahr 1949. Damals als Beduine getarnt, denn Fremden war man zu der Zeit nicht gerade freundlich gesinnt. Kein Vergleich mit uns. Wir erreichen unser Camp nach vielleicht einer halben Stunde Fahrzeit.

Das Camp ist einfach nur schön, mit so viel Liebe hergerichtet. Wir sind begeistert. Kleine Holzbungalows mit Wänden aus Schilf stehen im Kreis. Es gibt eine Feuerstelle und einen gemütlichen Speiseraum. Die Duschen und Toiletten sind unter freiem Himmel und einfach der pure Luxus in der Wüste. Alles ist sehr sauber und einladend. Nach einem ersten

Spaziergang um das Camp bleibt uns gar nicht viel Zeit. Alle, die Lust auf einen phantastischen Wüstensonnenuntergang haben, folgen Faisal. Wir fahren mit den Jeeps weiter in die Wüste. Hier braucht man schon Erfahrung und einiges Geschick, um nicht im Sand stecken zu bleiben. Auf dem Rücksitz können wir den Fahrmühen einiger unserer motorisierten Begleiter entspannt zusehen. Am Fuße einer großen Düne, die sich aus mehreren hügeligen Dünen aufbaut, stellen wir die Autos ab, lassen die Schuhe stehen und machen uns auf den Weg. Wir laufen durch den warmen seichten Boden und kommen schnell ins Schwitzen. Düne um Düne erklimmen wir. Jeder lässt sich an dem Platz in den Sand sinken, wo er meint, die schönste Aussicht zu haben. Ziemlich außer Atem erreichen wir den höchsten Punkt und die Aussicht ist grandios. Wir sinken in den Sand und wieder erleben wir so einen ganz besonderen Moment. Eins mit der Natur, ein Moment für die Ewigkeit. Die Farben am Horizont werden immer schöner und die Farbe der Wüste wechselt im Spiel mit dem Himmel. Eine gute halbe Stunde erleben wir dieses Spektakel. Die Sonne ist lange untergegangen, doch man wird dieses Anblicks nicht müde. Faisal winkt uns aus der Ferne zu sich. Er hat ein Feuer gemacht und einen echten Beduinenkaffee für uns gebraut. Wir gleiten bergab durch den Sand und versammeln uns mit der kleinen Gruppe am Lagerfeuer. Beim Aufbruch löscht Faisal das Feuer und vergräbt das Holz für das nächste Mal. Auch an diesem Tag wollen die schönen Momente nicht enden. Zurück im Camp gibt es ein tolles Beduinendinner. Da fehlt nichts, Fladenbrot, Oliven, verschiedene Gemüsesorten und Hähnchen duften verführerisch nach Orient. Dazu gibt es Zitronenwasser und Orangensaft. Überall, auch vor unseren Strohhäusern, stehen Windlichter mit flackernden Kerzen, denn Strom gibt es hier nicht. Über uns ein Sternenhimmel, wie man ihn nur in der Wüste findet. Nach dem Essen wird das Lagerfeuer angezündet.

So wie der Tag endet, beginnen wir den neuen Tag. In der Morgendämmerung stehen wir auf und unternehmen eine Wanderung zum Sonnenaufgang. Barfuß erklettern wir die hohe Sanddüne vor dem Camp. Am Horizont wird der Schein der aufgehenden Sonne immer heller und da ist sie mit all ihrer Kraft. In einem weiten Bogen umrunden wir unser Camp und freuen uns auf das Frühstück. Ein halber Tag bleibt uns noch an diesem Ort. Wir frühstücken in aller Ruhe und kommen mit dem Küchenchef ins Gespräch. Er war uns bereits am Abend durch sein freundliches Wesen aufgefallen. Er erzählt uns, dass er aus Südindien kommt und zeigt gleichzeitig ein Foto von seiner Frau und der gemeinsamen Tochter. Er hat in Indien studiert, findet dort aber keine Arbeit. So ist er als Gastarbeiter für die Saison in den Oman gekommen. Das ist hart, so weit weg von den Lieben, aber er hat einen Job und verdient Geld für die Familie. Im Oman leben sehr viele Gastarbeiter. Das Land ist auf die billigen Arbeitskräfte angewiesen. Gerade all die Servicebereiche, die Hotelbranche hätte ohne Gastarbeiter aus Indien, Pakistan usw. große Probleme.

Am Vormittag erwartet uns noch ein echtes Highlight. Faisals Onkel ist mit einigen Kamelen zum Camp gekommen. Auf zum Kamelrennen! Wohl weniger, ich habe es mir viel leichter vorgestellt. Um entspannt auf dem Rücken eines Kamels durch die Wüste gleiten zu können, braucht es innere Ruhe, Entspannung und am besten den Rhythmus der Wüste im Blut. Da ich nichts dergleichen besitze, wird der halbstündige Ritt für mich zu einer sportlichen Herausforderung. Endlich mal wieder Bauch und Oberschenkelmuskulatur bemühen. Besonders kniffelig wird es, wenn das Kamel bergab durch den Sand gleitet. Dann bewegt sich der Oberkörper des Tieres sanft in die Tiefe und ich habe das Gefühl gleich nach vorne abzurollen, mit Absteigen hat das dann nichts mehr zu tun. Zum Glück verlassen mich meine Kräfte nicht und ich erreiche das Camp ohne peinlichen Abgang. Für das nächste Mal werden wir einen längeren Wüstenaufenthalt planen. Zumindest so lange, bis wir den Rhythmus der Wüste in uns spüren. Dann sind wir sicher auch bereit für eine echte Wüstendurchquerung. Leider neigt sich die Zeit im Camp dem Ende zu. Wir packen unsere Sachen zusammen und Faisal bringt uns zurück ins Dorf zum Haus seines Onkels.

Herzlich verabschieden wir uns von Faisal und danken ihm für die unvergessliche Zeit mit ganz viel Wüstenfeeling. Unsere Fahrt geht weiter an der Indischen Ozean. Auf dem Weg dorthin machen wir einen weiteren Abstecher. Wir fahren ins Wadi Bani Khalid. Es liegt fast auf dem Weg und im Reiseführer ist es so schön beschrieben, dass wir da einfach hin müssen. Schon die Fahrt dorthin ist ein Erlebnis. Es geht durch bergiges Land, interessant ist auch hier das Farbenspiel der Gesteinsschichten. In Serpentinen kämpfen wir uns über einen ziemlich hohen Pass. Herunter geht es schneller und wir erreichen das Wadi mit den Häusern eines Dorfes. Es gibt zwei Wege in das Tal. Wir fahren Wadi aufwärts und nehmen den Abzweig nach Moqel. Wir folgen der Straße bis es nicht mehr weitergeht. Die ersten Wasserpools haben wir schon hinter uns gelassen. Hier gibt es eine Menge Parkplätze und viele sind auch heute schon belegt. Schöne Orte hat man selten für sich alleine. Heute ist der Andrang noch überschaubar, aber an Wochenenden, Ferien und Feiertagen soll es hier richtig voll sein.

Zu Fuß folgen wir den angelegten Wasserkanälen und bleiben vor einem großen rechteckigen Pool mit herrlich klarem türkisfarbenem Wasser stehen. Palmen säumen diesen Garten Eden. Auf der anderen Seite des Pools lässt ein Bauer sein Eselchen trinken, ein entzückender Anblick. Den Weg etwas weiter führt eine Brücke über das Wasser zu einem Imbiss. Ein rundum schöner Picknickplatz. Wir laufen weiter und hoffen, dass im oberen Teil der Schlucht weniger Leute unterwegs sind. Der Weg geht über Felsen, vorbei an weiteren Pools mit glasklarem Wasser. Am Ende soll es eine Höhle geben, aber da wir keine Taschenlampe dabei haben und uns sowieso eher nach Schwimmen zumute ist, machen wir an einem der Pools halt und springen nichtsahnend ins angenehm kühle Nass. Ich schwimme um einen Felsen und bleibe für einen Moment unbewegt im Wasser, da mir ein anderer Schwimmer entgegenkommt. Was ist das, ein Schauer durchläuft mich. Irgendjemand knabbert an meinen Beinen. Ich schwimme schnell zurück und bleibe im flachen Wasser sitzen. Jetzt kann ich die hungrigen Mäuler gut erkennen. Es sind kleine

Putzerfische, die schon wieder anfangen, mich anzuknabbern. Eigentlich ist das ganz angenehm und wenn man sich überlegt, dass man anderswo viel Geld dafür bezahlen muss, ist es gleich noch wohltuender. So sitzen wir in kleiner Runde im Wasser und lassen uns anknabbern. Das Wadi Bani Khalid ist wirklich sehenswert und einen Ausflug wert. Aber man sollte auf die Besuchszeit achten, sonst wird man hier keinen Spaß haben.

Wüste, Wadi und nun weiter ans Meer. Die Entfernungen sind nicht groß. Rechterhand die hohen Dünen der Wüste, linkerhand gewaltige Bergmassive und vor uns das Meer. Nach einer weiteren guten Stunde Fahrzeit erreichen wir Sur, die Stadt am Indischen Ozean. Für die weiße Stadt am Meer, so erscheint sie uns, haben wir heute keine Zeit. Wir fahren an Sur vorbei, entlang dem Meer mit seinen breiten Naturstränden und einigen kleinen Dörfern. Unser Ziel ist Ras al Hadd. Der Ort befindet sich auf der nördlichsten Landspitze der Arabischen Halbinsel. Unser Hotel befindet sich etwas abseits des weitläufigen Fischerdorfes Al-Hadd. Am Ortseingang , gleich neben der Tankstelle, gibt es ein paar Shops und eine Wäscherei. Es macht Spaß, die Geschehnisse vor Ort zu beobachten, aber die Wäscherei sollte man ausprobieren. Sehr günstig und sehr gut!

Als Tier- und Naturliebhaber muss man im Oman in diese Gegend fahren. An die Küsten des Omans kommen jährlich Meeresschildkröten zur Eiablage. Es ist eine traurige Tatsache, dass alle 7 noch existierenden Meeresschildkröten vom Aussterben bedroht sind. Fünf ihrer Art kommen jährlich bzw. leben in den Gewässern des Omans. Die Regierung des Landes setzt sich für detaillierte ökologische Untersuchungen des 1700 km langen Küstenstreifens und die Erforschung der Lebensweise der Panzerreptilien ein. Mehrere Naturschutzgebiete entstanden entlang der Küste. So können die Meeresschildkröten ungestört nisten. Auch auf den vorgelagerten Inseln wurden Schutzzonen errichtet. In Ras al-Jinz befindet sich das Visitor Center mit seinem sehr interessanten Museum. Wir besuchen es gleich an unserem ersten Tag, denn man muss den Besuch planen. Nur hier in

Ras-al-Jinz ist es erlaubt, in Begleitung eins Führers, die Meeresschildkröten zu beobachten. Und das geht nur zum Sonnenuntergang oder zum Sonnenaufgang. In dieser recht kurzen Zeitspanne kommen die Reptilien zur Eiablage an den Strand. In der Saison sind diese Besuche natürlich sehr ausgebucht. Wir kaufen uns ein Ticket für den nächsten Morgen, was bedeutet, dass um 3.00 Uhr aufgestanden wird. So haben wir heute genug Zeit für das kleine Museum und hier erfährt man viel Wissenswertes über diese beeindruckenden Tiere. Zum Beispiel, dass außer der Grünen Meeresschildkröte auch die unechte Karettschildkröte, die echte Karettschildkröte, die Lederschildkröte und die Bastardschildkröte an den Küsten des Oman nisten. Wir erfahren, wie schwer der Weg einer Schildkröte ins Leben ist. Zur Eiablage kommen die Tiere immer an ihren Geburtsstrand zurück. Das geschieht ungefähr alle 4 Jahre. Dazwischen legen sie gewaltige Entfernungen zurück. Die Paarung findet auf dem offenen Meer statt. Zur Eiablage ziehen sich die Schildkröten mit ihren Flossen über den Strand, wo sie dann eine ca. 50 cm tiefe Grube ausheben. Rund 100 Eier werden in ein Gelege gelegt und anschließend mit den Flossen vergraben. Dann kämpft sich die Schildkröte zurück ins Wasser. Das macht sie mehrmals, bevor sie sich wieder auf ihre Reise begibt. Die Eier werden von der Sonne ausgebrütet und nach knapp zwei Monaten schlüpfen die Schildkrötenbabys. Übrigens bei hohen Temperaturen über 29,9° schlüpfen Weibchen, bei niedrigeren Temperaturen schlüpfen männliche Schildkröten. Um aus dem Nest zu gelangen bilden sie eine Art Leiter, sie krabbeln übereinander hinweg. Das kann bis zu drei Tage dauern und dann geht das Drama weiter. Möwen und andere Raubvögel warten am Strand auf leichte Beute. Haben sie erst einmal das Meer erreicht, müssen sie mehrere Tage auf das Meer hinausschwimmen, bedroht von Vögeln, Krabben und anderen Raubfischen. Von 1000 Jungtieren erreicht statistisch gesehen nur eine Schildkröte die Geschlechtsreife. Dann können die Tiere aber ein stolzes Alter von 50 Jahren erreichen. Und sicher auch älter.

Wie nicht anders zu erwarten, ist der Mensch ihr größter Feind. Früher und leider auch heute noch in vielen Ländern Asiens sehr begehrt als Delikatesse auf der Speisekarte. Doch auch der Dreck und Müll im Meer birgt viele Gefahren. Oft landen sie als Beifang in Fischernetzen oder erdrosseln sich in denselben. Das und vieles mehr erfährt man in dem Museum und es regt zum Nachdenken an. Bis 14.00 Uhr darf man die geschützten Strände besuchen. Danach gehört der Strand den Schildkröten. Wir sind neugierig und laufen die 1,5 km herunter zum Strand. Am Strand angekommen, trauen wir unseren Augen kaum, denn an einem der beiden Strandabschnitte, die für die Beobachtung gedacht sind, liegen Fischerboote am Strand und Fischer reparieren ihre Netze. Naja, kann man den einheimischen Fischern das Fischen verbieten? Wohl nicht, aber vielleicht sollte es nicht gerade an diesem Strandabschnitt stattfinden. Am Strand sind wir beeindruckt von dem, was wir sehen. Ein Strand voller kleiner Krater und zwischendrin gewaltige Treckerspuren. Es dauert einen Moment, bis wir uns diese Spuren erklären können. In der Mitte die Schleifspuren des Körpers und an beiden Seiten die Flossen. Leider finden wir auch jede Menge Plastikmüll am Strand. Das muss nun wirklich nicht sein. Mit Vorfreude auf den nächsten Tag laufen wir zurück zum Visitor Center. Mittlerweile ist es ziemlich heiß und wir genießen einen faulen Nachmittag in der kleinen Bucht unseres Hotels.
Pünktlich um 3.00 Uhr morgens klingelt unser Wecker. Durch die dunkle Nacht fahren wir zum Visitor Center. Eine Gruppe von ungefähr 20 Leuten hat sich eingefunden. Gemeinsam laufen wir los und noch immer ist dunkle Nacht über uns. Wir hatten auf mehr Licht gehofft, denn zur Zeit ist Vollmond. Doch der liebe Mond versteckt sich gerade hinter ein paar Wolken. Das ist interessant für uns, bis jetzt haben wir auf unserer Reise kaum Wolken gesehen. Es gibt sie doch im Oman. Nach einer knappen halben Stunde erreichen wir den Strand. Der Führer weist uns ein. Wir sollen keine Taschenlampen oder Blitzlichter benutzen, uns hinter ihm halten und auf seine Anweisungen achten. Momentan ist keine Hochsaison. Nachts kommen vielleicht 10 bis max. 20

Schildkröten an den Strand. In der Hochsaison sind es bis zu 100 Schildkröten. Mit den Touristen verhält es sich ähnlich. Ich glaube, sie nehmen max. 40 Leute mit zu einer Führung. Ich kann mir kaum vorstellen, dass man so viele Leute unter Kontrolle hat. Die Beobachtungstour ist sicher zweifelhaft und nicht jedermanns Sache. Das muss jeder für sich entscheiden. Wir wollten gerne Schildkröten beobachten, haben uns dafür entschieden. Zwei Schildkröten beobachten wir. Beide sind ziemlich groß, bestimmt 1.20 m. Der Führer passt gut auf, dass die Leute sich den Tieren nicht zu sehr nähern. Mittlerweile ist es etwas heller und man kann besser sehen. Plötzlich entdecken wir ein Schildkrötenbaby im Sand. Wir verfolgen gespannt den Weg ins Leben dieses kleinen Lebewesens. Im Nachhinein glaube ich, dass man uns bewusst von den schlüpfenden Nestern ferngehalten hat, um kein Risiko einzugehen. Ein Schildkrötenbaby kommt selten alleine. Aber es ist gut so und spricht für die Arbeit der Mitarbeiter. Nach und nach laufen die Besucher zurück zum Visitor Center. Wir Romantiker setzten uns an den Strand und wollen zusehen, wie am Horizont die Sonne aufgeht. Glücklich lehne ich mich an meinen Beschützer und wir erfreuen uns dieses Erlebnisses. Der Sonnenaufgang kann nicht schöner sein. Die ersten Fischerboote brausen auf das Meer und langsam beginnt der neue Tag. Mittlerweile sind wir ganz alleine am Strand. Frühstück gibt es um diese Zeit noch nicht, also schließen wir noch einen Strandspaziergang an. Nach einer Weile bleibt Ole stehen und sagt: „horch mal, da ist irgendwas, da schaufelt noch jemand." Wir drehen uns um und tatsächlich fliegt aus einer Kuhle Sand. Vorsichtig und sehr aufgeregt nähern wir uns dem Geschehen von hinten. Das haben wir ja gerade gelernt, man soll sich den Schildkröten nicht in den Weg stellen. Und da ist sie, unsere Schildkröte. Wir setzen uns von ihr unbemerkt etwas abseits in den Sand und beobachten ihr Tun. Nun sehen wir, wie anstrengend das für die Schildkröten sein muss. Immer wieder macht sie Pausen, um sich zu erholen und sie ist richtig am Pumpen und Schnaufen. Wir beobachten unsere späte Schildkröte und können unser Glück nicht glauben und dann kommt es noch besser. Eine Horde schreiender Möwen kommt fast direkt auf uns zugeflogen. „Da muss was sein" sagt Ole und wir springen auf und laufen zum Wasser. Aus einer Grube kommen vielleicht 15 bis 20 Schildkrötenbabys geklettert. Sie sind so putzig und süß, unglaublich. Ole springt ins Wasser und verscheucht die schreienden Angreifer. Ich tue es ihm an Land gleich. An uns wagen sie sich nicht vorbei und flattern verärgert am Himmel hin und her. Einige der Babys drehe ich in Richtung des Meeres, denn sie können sich jetzt nicht mehr orientieren. Nachts ist das Meer der hellste Punkt und die Tiere laufen von selbst in die richtige Richtung. Sie müssen den Weg auch alleine laufen, damit sie später an ihren Strand zurückfinden können. Endlich haben alle das Meer erreicht. Nun müssen sie ganz alleine alle Gefahren bestehen. Normalerweise hätten unsere Schildkrötenbabys keine Chance gehabt, das Meer zu erreichen. Die Möwen riechen ihre Beute zu schnell. Fassungslos vor Glück wenden wir uns wieder unserem Muttertier zu. Sie hat ihr Werk vollbracht und bewegt sich stöhnend mit Pausen auf das Meer zu. Wir setzen uns wieder in den Sand und schauen ihr noch lange nach. Wieder so ein unbeschreiblicher Moment. Den ganzen restlichen Tag verbringen wir auf einer Welle des Glücks und denken immer wieder an unsere Schildkröten.

Langsam aber sicher nähern wir uns dem Ausgangspunkt unserer Reise. Wir fahren zurück nach Sur. Heute machen wir in der weißen Stadt am Meer halt. Hier befinden sich die letzten Dhau-Werften des Landes. Eigentlich werden diese traditionellen formschönen Holzboote nicht mehr gebaut. Zu teuer und es gibt modernere Boote. Hier werden nur noch Boote repariert und ab und zu wird eine Sambuq, auch ein Dhau-Typ oder eine Shu'i, ein kleineres Boot gebaut. Doch der kluge Sultan möchte, dass dieses Handwerk nicht in Vergessenheit gerät. Er unterstützt und fördert die Werkstatt, die Dhau-Modelle herstellt. Manch ein Staatsoberhaupt hat so ein schönes Geschenk mit nach Hause nehmen dürfen.

Die Werften befinden sich in der Lagune Khor Al-Butah. Auf dem Weg zum Schildkrötenreservat haben wir sie aus der Ferne schon sehen können. Der Weg ist schnell gefunden. Wir fahren über die Brücke hinter dem Fort al-Hamouda. Dort gibt es einen Kreisverkehr, in dessen Mitte ein Dhau-Modell thront. Gleich dahinter befinden sich die Werften. Wir stellen das Auto ab und laufen an die Lagune. Eine Dhau liegt dort vor Anker und wird von den Seeleuten geputzt und gewienert. Gleich daneben geht es in die Werkstatt. Zwei Boote befinden sich gerade im Bau. Es ist beeindruckend unter dem Kiel zu stehen und nach oben zu schauen. An den Seiten wird das Boot durch dicke Holzbalken gehalten. Gemeinsam versuchen einige Arbeiter, eine Last nach oben zu stemmen. Die meisten Arbeiten werden von Hand getätigt. In einem flachen Bau neben dem Werftplatz ist ein Ausstellungsraum und davor schnitzt ein Mann kunstvoll Gegenstände, z.B. kleine Ruder.

Wir laufen zum Kreisverkehr und schauen uns das Model der Dhau an. Es ist sehr sehenswert. Sur ist kein großer Ort. Der Blick von der Brücke, die das Meer von der Lagune trennt, ist wunderbar. Das Wasser ist türkisfarben und wenn man einen Moment stehen bleibt, kann man Fische und sogar Rochen unter einem entlangziehen sehen. Rechterhand befindet sich der Stadtteil A-Ayjah. Man kann hier durch schmale verwinkelte Gassen laufen, alte Häuser und vor allem sehenswerte geschnitzte Holztüren bewundern.

Der eigentliche Ort mit dem Fort Sinesilas befindet sich linkerhand der Brücke. Hier gibt es Geschäfte, die Polizeistation, Märkte und natürlich Moscheen. Wir steigen ins Auto und fahren die Küstenpromenade entlang. Sie ist fast 1,5 km lang. Ein breiter Strand, ab und zu unterbrochen von einem Fußballfeld oder einem Fischerboot. Die Promenade ist rundum einladend gestaltet mit Pavillons und Sitzgelegenheiten. Den Abend am Meer verbringen, das lieben die Leute überall auf der Welt. Doch so spät ist es noch nicht. In einem Geschäft in der Nähe besorgt Ole uns einen süßen Kaffee und den genießen wir in aller Ruhe mit dem Wind im Haar.

Am Nachmittag erreichen wir unsere letzte Station im Oman. Wir haben ein Zimmer im Wadi Shab Resort gebucht. Das Hotel ist traumhaft, hinter einem langen Steinstrand am Hang gelegen. Alle Zimmer haben eine kleine Terrasse und ganz viel Meerblick. Es wirkt ein wenig verträumt und könnte wohl etwas frischen Wind gebrauchen. Egal, uns gefällt der Ort, wir können gar nicht genug von diesem Meerblick bekommen. Am späten Nachmittag sind wir des Faulenzens satt und unternehmen eine Wanderung entlang der Küste. Der Strand besteht aus Kieselsteinen aller Größen und der Gesang des Meeres, wenn die Wellen auf den Strand schlagen, prägt sich ein. Hier könnte man Steine sammeln, so schöne Steine. Aber Ole's Blick lässt mich erahnen, nur ein paar wirklich ganz kleine Steine finden in unserem Gepäck Platz. So bin ich mit dem Abwegen beschäftigt, welcher denn nun der Schönste ist. Und immer wieder finde ich einen, der noch schöner ist. Am Ende des Strandes, direkt neben unserem Hotel, beginnt die Steilküste. Wir erklettern die Anhöhe von hinten und wandern am Rand der Steilküste, immer mit Blick auf das Meer, entlang. Nach kurzer Zeit entdecken wir Schildkröten im Meer. Sie tauchen für einen Moment auf, um gleich wieder in der Tiefe zu verschwinden. Dicke Luftblasen begleiten sie dabei. Sie sind wesentlich kleiner als die Meeresschildkröten, die wir einen Tag zuvor beobachten konnten. Sicher leben sie hier an der Küste. Wir beobachten sie einen ganzen Moment und machen uns auf den Rückweg, denn der Hunger ruft.

Noch einmal ein Paradies besuchen. Das ist das Motto für unseren fast letzten Tag im Oman. Doch zuvor können wir beim Frühstück eine Rettungsaktion beobachten. Für die Aktion hätten die beiden Mitarbeiter unseres Hotels eigentlich einen Orden verdient. Am Abend zuvor sahen wir, wie drei Französinnen mit einem kleinen Wagen an den Strand fuhren. Eine sehr unüberlegte Sache, denn auf dem steinigen Untergrund (runde Kieselsteine mit einem Durchmesser von 2-5 cm) ist das ein echtes Wagnis. Was manche Leute so antreibt? Geld sparen, unter freiem Himmel schlafen? Ist ja alles ganz schön, trotzdem sollte man dabei das Gehirn nicht ausschalten. Irgendwie haben die Jungs es geschafft, das Auto heraus zu ziehen. Das wird für die drei Damen aus Frankreich sicher ein unvergessliches Erlebnis bleiben, denn auch die

Nacht hatte es in sich. Ein heftiger Sturm war über die Küste gezogen.

Ganz in der Nähe befinden sich zwei sehenswerte Wadis, das Wadi Tiwi und das Wadi Shab. Beide wurden durch den Zyklon "Gonu" 2007 teilweise zerstört. Wir entscheiden uns für das Wadi Shab, es ist nur ein kurzes Stück mit dem Auto von uns entfernt. Unsere Erwartungen sind nicht allzu hoch. Kann sich die Natur in so kurzer Zeit wieder erholen? Wir parken unser Auto unter der Autobahnbrücke. Idyllisch wirkt das hier nicht gerade, aber wir müssen mit einem Ruderboot auf die andere Seite des Flusslaufes übersetzen und das bringt uns der Idylle schon ein ganzes Stück näher. Wir wandern am Fluss entlang. Palmen stehen am Weg und einige von ihnen hat der Zyklon vernichtet. Das Grün der anderen Palmen lässt den Zyklon fast vergessen. Wir laufen immer weiter in das Tal hinein, folgen dem Wanderweg. Der kleine Fluss in der Mitte des Tals lädt zum Baden ein. Der Weg wird felsiger, hier treffen wir auf ein paar wagemutige Jugendliche, die von den Felsen ins Wasser springen. Nichts für schwache Nerven. Das Sonnenlicht fällt über die Felsen in die Schlucht, was für ein Motiv. Am Wegesrand entdecken wir einen Esel, der genügsam Gras frisst. Ole geht zu ihm herüber und der Esel genießt die ihm zugedachte Aufmerksamkeit. Nach ungefähr zwei Stunden erreichen wir weiter oben im Tal einige größere Pools. Hier kann man gut schwimmen. Von hier an wird der Weg zu einer Kletterpartie und ist nur für Leute ohne Höhenangst gedacht. Wir versuchen es noch ein Stück, dabei begegnet uns ein freundlicher alter Mann, der ein großes Büschel Gras auf seinem Kopf transportiert. Wir drehen irgendwann um, weil meine Erdanziehungskraft zu hoch für diese Wege ist. Verlockend ist eine Höhle, die man auf dem Fußweg erreichen kann. Es geht aber auch anders. Durch das klare Wasser des Flussbetts durchquert man zwei Pools. Am Ende des dritten Pools befindet sich ein schmaler Spalt im Fels. Ganz mutige, also nicht ich, sondern eher Typen wie Ole, schwimmen durch den Spalt und finden sich in der Höhle wieder. Ein Wasserfall und eine natürliche Brücke sind das Highlight. Da wir alleine sind und unsere Sachen nicht ganz unbeaufsichtigt lassen wollen, unternehmen wir das Abenteuer einzeln. Ein wunderbarer Ort, ein richtig kleines Paradies. Farbenfrohe Libellen amüsieren sich auf den Gräsern am Wasser. Ich stelle den kleinen Putzerfischen meine Beine freiwillig zur Verfügung. Doch sie lehnen dankend ab. Schade.

Nach knapp 5 Stunden stehen wir wieder vor unserem Auto. Auf dem Weg zurück statten wir dem Dorf Tiwi einen kurzen Besuch ab. Es ist ein richtiges Dorf mit alten Häusern und engen Gassen. Vor einem Geschäft halten wir an, wollen ein paar Kleinigkeiten kaufen. Das Geschäft ist ein richtiger "Tante Emma" oder besser "Onkel Rashid" Laden. Hier gibt es alles, fast alles zu kaufen. Alles liegt ein wenig ungeordnet im Geschäft herum und alles ist auch einzeln zu haben. Hinter dem Ladentisch, auf dem eine historische Rechenmaschine steht, sitzt ein alter Mann mit Ziegenbart und Turban. Er sieht wundervoll aus. Wir verlassen dieses Stück Historie sehr ungern, doch auf der anderen Straßenseite erweckt eine meckernde Ziege unsere Aufmerksamkeit. Sie ist auf die Ruine eines Hauses geklettert und hat nun scheinbar Mühe, den richtigen Weg nach unten zu finden. Wir drehen uns um und sehen, dass der alte Mann nun vor seinem Geschäft steht und uns freudig zuschaut. Sein Gesicht strahlt uns mit ganz viel Wärme und Gastfreundschaft entgegen. Auch das ist wieder ein ganz besonderer Moment. Wenn ich heute an den Oman und unsere unvergessliche Reise denke, sehe ich das Gesicht dieses Mannes vor meinem inneren Auge. Der Oman ist ein faszinierendes Land, vieles mag uns fremd und unbekannt sein. Aber in einem Land mit so viel Gastfreundschaft lässt sich alles entdecken.

Am Abend gibt es für uns natürlich noch ein deftiges Abendmahl mit Fisch, wo wir schon mal am Meer sind. Und wir haben einen letzten Schluck Gin in unserer weitgereisten Flasche, den gibt es zum Abschied. In Muskat geben wir unseren kleinen Mazda wieder im Radisson blue ab und fahren mit dem Taxi zu unserem Hotel. Einen letzten Besuch statten wir Mutrah ab und schauen auf den nächtlichen Hafen.

Wir laufen durch den Souq um die letzten Souvenirs zu kaufen.
Morgen müssen wir früh aufstehen. Um 6.00 Uhr fährt unser Bus nach Dubai ab, wo wir noch zwei weitere Tage verbringen werden.

Wir verlassen ein faszinierendes Land ... für eine Zeit. Wir werden wiederkommen, denn es gibt noch so viel zu entdecken und darauf freuen wir uns schon jetzt.

Mirbat am Arabischen Meer

Blick auf das alte Dorf Ghul

Grand Canyon am Fuße des Jebel Shams

Schildkrötenbeobachtung in Ras al-Jinz

Wahiba Sandwüste

Wadi Bani Khalid

Haben Sie mehr Lust auf Reisen, schöne Fotos, Ideen und Reiseberichte? Dann besuchen Sie meine Website. Ich würde mich freuen.

www. edition-reiselust.de

Zeitfracht Medien GmbH
Ferdinand-Jühlke-Straße 7
99095 Erfurt, Deutschland
produktsicherheit@kolibri360.de